JN302018

この悩みに このヒーラー・ 占い師・気功師・ カウンセラー

プロフィール・得意とする相談内容・手法・料金・連絡先

不思議な能力で解決！

Part4
70人

「心とからだの悩み解消プロジェクト」特別取材班・編

人生は予測不可能、まるで行き先を知らされないまま船に乗せられたようなものである。おだやかな波に揺られながら進んでいたかと思いきや、突如空は灰色の雲に覆われ雷鳴が轟き嵐が訪れる。しかも舵を取るのはあなた自身。何とか沈まないよう懸命に舵を操る。やがて嵐が去ってほっとしたのも束の間、今度は見知らぬ島へと流れ着く。そこに何が待ち受けているのか、どんなことが起こるか、一歩踏み出さなければわからない。

歩き続けて視野が開けたとき、そこに楽園があるとは限らない。荒れ果てた荒野かもしれないし、恐ろしい魔物が息を潜めているかもしれないのだ。そう、人生は晴れの日ばかりではない。ときどき「こんな思いをするために生まれてきたんじゃない」という言葉を耳にすることがある。「"今が最悪の状態"といえる間は、まだ最悪の状態ではない」とシェークスピアは語ったといわれているが、果たしてそうだろうか？　まだ自分は幸せなほうだと言い聞かせて歯を食いしばって前進する必要があるのだろうか？

また、日本では忍耐やあえて苦難を受け入れることを美徳とする傾向があった。そんなとき、どんな行動をとっただろうか。「友達に相談する」「何とか一人で解決しようと努力する」「時間が辛い気持ちを癒してくれるのを待つ」抱えている問題によって対処法は違うだろうが、そこに共通するのは"苦悩"である。ネガティブな意識は心身を蝕み、生きる希望を奪い去る。傷ついた心はケガや病気のように表面に表れにくいので深く傷ついていたとしても、何の手当てもせず放っておくことのほうが多い。うつ病は心が風邪をひいたのと同じ、といわれているが心も体と同じである。心が病んだ状態なのに体だけはとても元気、という人はいない。

多くの人が悩みを友達や家族に打ち明けた経験があると思う。そこで的確なアドバイスがなされ、悩みから解放されたこともあるだろう。しかし"そんな贅沢な悩み、悩みのうちに入らない"と一蹴されてしまったり、悩みの内容によっては"あなたが悪いのだ"とお説教されてしまったりしてしまったがゆえに、余計傷ついてしまうことだってある。苦しい胸のうちをさらけだしても深刻な場合、他人は"とばっちりを受けるのはごめんだ""あの人と話すと気分が滅入る"と離れてしまうことだってある。そうなりたくないから、辛くても誰にも話さない。孤立したくないから傷ついた気持ちをごまかして今日一日を何とか乗り切ろうとがんばる。

"どうせ他人はわかってくれない"。そう思っているなら、これでは心が、魂が傷つくばかりだ。

あなたに手を差し伸べてくれる人はたくさんいる。それが本書に登場するヒーラー、占い師、気功師、カウンセラーほか、70人だ。誰もがあなたを助けたい、笑顔にしてあげたいと願っている人たちである。取材で出会った先生方は、みな等しく"人を幸せにしたい"と語った。この一言に込められた思いや願い、情熱は闇を照らす光のようであった。

ある取材スタッフが頭部をケガ。吐き気やめまいに悩まされていたものの、なかなか病院へ行く時間がなかった。そんなとき取材で出会った気功師に遠隔気功をお願いしたところ、左側頭部から顔面に広がっていた内出血が驚くほどの早さで消え、ひどかった吐き気やめまいもいつのまにか治まっていた。たった2度の施術である。頭蓋骨の一部が変形するほどのケガだったにも関わらず、今では元気に取材に飛び回ってい

念のため病院へ行ったところ〝骨にヒビが入っているようだ。脳波にもCTにも異常はない〟と診断された。もしかすると、とても危険な状態だったかもしれない。気功師のもとへ取材に出かけたのは必然だった。そして快復できたことは感謝すべきことであり、健康体を取り戻すことができたことには意味がある。そう、自分を助けてくれる人は必ず存在するということを身をもって体験することができたのだ。

『この悩み』シリーズで紹介したヒーラー、占い師、気功師、カウンセラー、そのほかの先生は、それぞれが持つ驚異的能力や占術を駆使して多くの人たちを幸福へと導いている。「境界性人格障害と診断され、自傷行為や摂食障害で苦しんでいた女性がヒーラーのもとを訪れた。最初は挑戦的でけんか腰だったのが、セッションを繰り返すうち精神が癒され、今では歌手を目指してレッスンをするまでになった」「占い師に職場での嫌がらせを相談した男性が霊符を書いてもらったところ、嫌がらせをしていた人たちが転勤になり、現在では頼れる上司と真面目な部下に恵まれ、イキイキと仕事をしている」「全治3か月と診断された骨折が気功を受けて1か月で改善された」「DV、借金、離婚。不幸続きの人生が大きく変化。再婚して子宝に恵まれ、幸せに暮らしている」など、ケースによっては医師を驚かせたり、奇跡的な展開によって苦しみから救われることもある。〝そんなことありえない〟〝非科学的だ〟と否定する人もいるが、どう解釈するかはその人の自由である。

しかし、最初から否定してしまうというのは自ら幸せになる選択肢を狭めているのではないだろうか。

ただ悩んでいるばかりでは何も始まらないし何も変わらない。ひたすら忍耐、自分の運命を恨んでばかり

では、幸せになれるはずがない。もし、悩みや苦しみを抱えているのならあなたを助けたいと願っている人がいるということを思い出してほしい。

悩みから解放されて幸せに。現在の自分をもっとバージョンアップさせて夢をつかみたい。思いや願いはそれぞれであるが、まずは、自分自身が行動を起こさなければならない、ということである。各先生の紹介ページに【得意とする相談内容】が明記されているので、あなたが相談したい内容に合わせて先生を探していただきたい。遠方で出かけられない、外出するのが困難、直接対面して話すことができない、という人も電話や遠隔、メールでの鑑定、施術が可能な先生に連絡してみよう。

本書を手に取った瞬間、あなたは新たな世界へと導くコンパスを手にしたに等しい。灰色の雲の間から明るい太陽の光が差し、自分が目指す場所へと進んでいくことができるのだ。これまであなたが経験した苦労や苦悩は、辛い思い出ではなく成長するための学び。

今このときも苦難に見舞われているのなら、懸命に戦っている自分を褒めてあげよう。ポジティブなエネルギーと本書に登場する頼もしいサポーターたちのパワーは、必ずあなたを悩みから解放してくるに違いない。

数々のすばらしい縁があなたに結ばれますように。

2010年10月吉日

ヒーラー

スターハート Mana先生
我欲を大切にし、現世を喜び楽しむことを説く、幸せのメッセンジャー
16

心と体のトータルケア・サロン "La maison des anges"（メゾン・デ・ザンジェ） ありす先生
絶大なパワーと愛ですべての人々をつつみこむ
32

セラピールーム BLUE CAT MOON 華永(かえい)先生
未知なるパワーと驚異の波動修正で闇を光に変える
48

かむさかえ相談所 かむさかえ先生
魂と宇宙の高次元のエネルギーを結び本来の人生の流れへと導く神界のメッセンジャー
56

Haniel session room ハニエル先生
癒しの天空サロンから始まる奇跡 具現化開運セラピストがあなたの運命を変える
66

Laguz（ラグズ）　妖精の森
天埜リエル先生
大天使たちのエネルギーに満ちた
パワフルなセッションで
訪れる人を希望の光で満たします
…… 74

桜千道（さくらせんどう）
岡本マサヨシ先生
そこは美と癒しの空間
門外不出の古珀術で
人々を希望の道へと導く
…… 80

Aura Cranyu（オーラ　クラーニュ）
横山真理子先生
最新の脳科学を応用した奇跡を起こすボディートーク
100人中97人が、わずか1回の施術で
劇的な効果を実感！
…… 86

atelier sola（アトリエ　ソラ）
杉本みのり先生
…… 92

癒しの光　イヤシノヒカリ
HANAE先生
…… 96

Prado
足立由布子先生
…… 100

La vie en Rose（ラヴィアンローズ）
ayuko先生
…… 102

Kayana　カヤナ
行本美智子先生
…… 104

ヒーリング＆クリアリング里屋（さとや）
佐藤恵子先生
…… 106

Angelian　ホリスティック＆ソーシャルヒーリング
進藤千恵先生
…… 108

ヒーリングスペース AMALAS
初宮アイラ先生 ………110

ヒーリング&カウンセリング Enju
宮﨑佐登江先生 ………112

月響庵（がっきょうあん）
瑞姫希音先生 ………114

勝利の女神
MEGUMI先生 ………116

A&Hリラックス／ariosuヒーリングセンター
ariosu先生 ………118

Lacure ～ラキュア～
石護美樹先生 ………119

太陽の道
威徳観音先生 ………120

心と身体の健康どころ「ムーヴ・ウエノ・コーポレーション」
上野裕幸先生 ………121

エンジェルブーケ
エンジェル知香先生 ………122

木下晴哉先生 ………123

J＊crystal（ジェイ クリスタル）
クリスタル・JUNKO先生 ………124

LIGHT INK（ライト・インク）
坂上結一先生 ………125

HEALING SALON ANOANO
SAKURA先生 ………126

椎名和男(しいなかずお)先生 shanti ……127

高原れい子(たかはられいこ)先生 fishlady（フィッシュ・レディ）……128

竹厚かよこ(たけこう かよこ)先生 スペース・バハムート……129

中原由利子(なかはら ゆりこ)先生 Ancella（アンセラ）……130

花井音葉(はない おとは)先生 Angelic Bloom……131

Hanae(はなえ)先生 Rainbow Prism（レインボー プリズム）……132

三宅千恵子(みやけ ちえこ)先生 Healing Salon『Haumea Blessing』……133

由紀子(ゆきこ)先生 ヒーリングスポット ミラクルエンジェル……134

Aiba(あいば)先生 アストライトエッセンス……135

Alice(ありす)先生 Studio Benessere RAINBOW……135

衣月麗翔(いづき れいしょう)先生 ……136

田村崇(たむら たかし)先生 たむたむヒーリングルーム～TAM'S WORLD～……136

10

オーラソーマ&ヒーリング 〜クリエイション〜

Hiro先生	137
スピリチュアルヒーリングサロン スピカ 藤本紀恵先生	137
横浜セラピールーム「アトリエ7」 木藤美喜代先生	138
Love Sunshine 小島じゅん先生	138
ドッグチビ 武中保子先生	139
Nardius 那須 谷口八千代先生	139

占い師

藤岡リナ鑑定事務所 藤岡リナ先生 衣・食・住を完全コーディネイト 藤岡リナ流驚異の『加速開運』で 完成された幸せを実現化	142
オーラサロン mono SARAH先生 あなたの中にある無限の可能性の扉を開く	158

11

なるほどケイリの占いサロン

河村ケイリ 先生
占いと癒しの会話で訪れる人の人生を幸運に導く鎌倉の母 ... 174

YUNMU GROUP（ユンム　グループ）
雲母 先生
「あなたがすべきことをズバリ教えます！」人生の戦略を示し、これまで2000人余を幸せに導いています。 ... 180

結暖治（けつだんや）
石田観知雄 先生 ... 186

東洋哲学医学研究会
神山佳弓（かみやまかきゅう）先生 ... 188

対面占いルーム　CHRONICLE
クロ戌（いぬ）先生 ... 189

0学占星術直門師範
沢木令春（さわきれいしゅん）先生 ... 190

心と体の開運相談【祐気堂】
堂前祐実（どうまえゆみ）先生 ... 191

オフィス　ナカハラ
マダム　コウコ 先生 ... 192

TAROT READING（タロットリーディング）
マダムすみれ 先生 ... 193

Pure Heart（ピュアハート）
宮ありさ（みや）先生 ... 194

台湾上機派乾元会（たいわんじょうきは　けんげんかい）
村野大衡（むらのだいこう）先生 ... 195

開運館
先野響春（さきのきょうしゅん）先生 ... 196

気功師

片岡治療院
片岡哲雄先生
天から得られた強力なパワーで心と体、磁場までトータルに改善 …… 198

下澤正幸先生
慧真導気功術（けいしんどうきこうじゅつ）
「自ら改善を目指すのが最大の目的」現実の生活に活かす気功術で人生を切り開く力を伝授 …… 202

癒道クリニカルオフィス（ゆどうくりにかるおふいす）
荒木田耕悦先生
…… 206

健康道場『気錬房』（きれんほう）
小野忠山先生
…… 208

中国長寿気功整体院
前徳芳江先生
…… 210

カウンセラー

寛(KUTSUROGI) アートヒーリング
小林寛子先生
(こばやしともこ)

あなたの傷ついた心を癒す
カウンセリングを極めた
心優しきパステルアーティスト

……212

Twin angel
ケーキマン(日沖貴年)先生
(ひおきたかとし)

……218

アルファコイル・コーチング・セラピスト

日本超科学会　開祖　橋本健理学博士
橋本晃一先生
(はしもとこういち)

……222

コーチングオフィス LUNDI (ランディ)
Willassist(ウィルアシスト)
髙田寛美先生
(たかたひろみ)

……224

ヒーリングスペース　星のふち
聖彩先生
(しょうさい)

……225

14

ヒーラー

我欲を大切にし、現世を喜び楽しむことを説く、幸せのメッセンジャー
あなたという存在は「人間肉体」なのではなく、全てを創り出している
「意識」であり、あなた自身が現実をつくっています!

スターハート

ま な

Mana 先生

得意とする相談内容：各自の願望成就、人間関係、恋愛・仕事の悩みほか
施術手法：透視リーディング、カードリーディング、レイキ、オリジナルヒーリング、前世療法、未来療法、H・Eリコネクション（商標登録）
施術方法：対面、電話（遠隔）
時　間：10：30～21：00　＊完全予約制
料　金：＜リーディング＞透視リーディング20000円／60分（延長30分ごと1万円）電話（遠隔）透視リーディング20000円／60分（延長30分ごと1万円）＜ヒーリング＞オリジナルヒーリング、レイキ、H・Eリコネクション（商標登録）、前世療法・未来療法　各20000円／60分（延長30分ごと1万円）＜スクール・講座＞透視能力養成コース375000円／5カ月10回コース（マンツーマンは9回コース）、＜個人セミナー＞カードリーディング講座70000円／2～3回（カード代含む）　＊各セミナー随時開講
場　所：〒464-0067　愛知県名古屋市千種区池下1・10・8　リベルテ池下501
電　話：052-761-4344
携　帯：090-9194-8992
メールアドレス：mana@manastar.com
ホームページ：http://www.starheart.jp

ヒーラー

JR名古屋駅から地下鉄で15分ほどの便利のいいマンションの一室が、スピリチュアル・スペース「スターハート」。自宅兼用とのことだが、生活のにおいが全く感じられない、落ち着いたスピリチュアルな空間になっている。通されたヒーリングルームは、そこにいるだけで癒されるような、いい波動に満ちていた。

招き入れてくれたマナ先生は、とても気さくで、気遣いの細やかなすてきな女性。相談に訪れる人が緊張せずにありのままの自分を見せることができるような、あたたかな雰囲気をお持ちだ。

静寂な空気に包まれたセッションルーム

先生は、透視の能力を使って相談者のおかれた状況や近い未来を読んでいき、相談者に一番いい解決方法を提示してくれる。透視をしているときに、その人の大元の自分からメッセージが送られてくるのだという。

「大元の自分」というのは、現世で肉体をもっている自分の"現実"をつくっている、大元の「意識」のこと「起こっている現実は、すべて自分でつくっているのです」と先生はいう。先生はさらに「量子物理学の学者さんの話では、"現実が先にあってそこに自分が生まれてきたのではなく、現実を自分がつくっているのだ"といいます。それから、このことは、私の脳がもっとも最後まで抵抗した事実なのですが、私たちがこの世に生まれてきたとき、"私たちの本質は生まれていない"と

いうことです。今のこの肉体を持つ自分は、一番近い他人といっていいでしょう」と語る。

相談に来る人にこのことをいうと「現実は自分がつくっている」「この肉体は自分自身ではない、ということをわかろうとする人が少ないという。過去世はなんとなく信じられるのに、なぜこの現世では肉体が自分だと思うのかと先生は問う。現世では、たまたまこのからだに意識が宿っているけれど、意識は人以外にも、神、天使、動物や植物、ものにすら宿っていろいろな体験をすることがあり、本当の〝自分〟というものは〝自分を意識する感覚〟である。

記憶喪失になっても、痴呆状態になっても残る自分という自覚が本当の自分なのだ。そして、その自覚・意識＝自分が、現実の世界をつくっている。自分が生み出しているのはすべて波動であり、その波動が現実を見せてくれる。自分は現実の創造主であり観察者だという。そういう意味で、自分が思うこと意識することは力であり、それは今ある現実すべてを変えるということを多くの人に伝えていきたいと先生はいう。そして、この「自覚・意識＝自分」を「空（くう）」と表現する。

■ 〈先生のブログから〉
■人格は仮面
あなたという「空」の前を人格が来ては去る。人格は仮面のようなもの。だから次々と取り替えることが可能だ。
そして、それらはあなたが取り替えているのだ。仮面（人格）は「あなた」ではないから、取り替えることができる。
人格そのものには「いのち」がない。それは本

ヒーラー

当に仮面だから。無機質なものだから。だから、これらの人格を見守りなさい。気づいて見守っていれば次第に消えてゆく。

人格は存続できない。存続するには、「あなた」との一体化が必要だから。

怖がるためには、あなたは見守ることや観察することを忘れて、恐怖と一体化することが必要になる。そうでないと恐怖そのものは存続できない。

私たちの多くの問題、それがいつまでもあなたのまわりから離れないのは、あなたが「問題」を容認しているからだ。

あなたの容認がなければ、問題とやらは存続できない。

起こることの全部には「あなた」が必要だ。あなたが何ものとも一体化しなければ問題は即座に消滅する。

「問題」自体はいのちを持っていないから。あなたは観察し見守るのみ。そして一体化しないこと。ただ放っておくこと。

ブログの内容を補足すると、人の「人格」は他者との交流のなかでできるある反応パターンでしかなく「性格」はそのときの感情が表れたものにすぎない、いずれも、自分の本質とは違うものだという。さらに、意識が宿るぬいぐるみやロボット（人としての肉体）に縛られてはいけない、マイナスの感情や感覚に振り回されることなく、ただ観察することを心がけるべきだと先生は説く。

■先生の透視能力とメッセージ

先生はもともと普通の会社で販売や営業をやってきた、スピリチュアルとは無縁の人だったという。ところがある失恋をきっかけに、現在の仕事につながる体験をしていく。

失恋をして2年もの間立ち直れなかった先生は、新興宗教に救いを求めたが得られず、死んでしまうのではないかという状況にまで陥ったという。そのとき、ふっと、相手に出会った瞬間にすでに別れを予感していた自分に気づき、前世療法で自分の過去世を見ることを思い立つ。前世療法を受けたときに、先生は、はっきりとビジョンが見えたという。過去世で、もう一度出会うと決めていたことを知って、別れを予感したことや、相手を昔から知っていたような気がしたことが腑に落ち、今世で別れたことの必然もわかったという。この体験から「前世療法はすごい！」と思った先生は前世療法を学ぶことを決意。数年後、前世療法のサロンを始めることに。
そして、前世療法の講座で出会った友人が、透視を紹介してくれたことが縁で興味を持った先生は、透視の勉強も始める。
透視には、最初は半信半疑だったという先生。友人に透視をしてもらったときに、その的中率に驚いて始めたものの、個人の能力に関係なく学校で習えるということにとまどい、本当に視えるようになるのかと思ったという。でも、その学校では、生徒全員が最初から視えるようになり、一年のカリキュラムはほとんど、視えることに自信をつけるためのものであった。実際、先生も視えているものが自分のエゴから来るものなのか、本当のものなのか、わからなかったという。でも、それは本当のもので視せるようにと注文を出すから視えるものだということがわかっていき、そのうち先生は目を閉じていなくて

ヒーラー

も映像として視えるようになった。
初めて目を開けていたときに視えた映像が「老子」だったというエピソードがある。知人と会話をしていたとき、知人の肩越しに小さな顔が視え、自身を「ラオッー」と名乗る妙な小人のようなものだったという。「変なことをいうようだけど、あなたの肩に『ラオツー』と名乗るものが視えるのだけれど、『老子』に何か縁があるの？」と聞いたとき、知人が「えっ、どうして⁉ 私たちは夫婦で老子が大好きで、この間中国で老子グッズをいっぱい買ってきたばかりよ！」と驚かれたというのだ。その後も目の前に奇妙なものたちが視えるようになったが、物理的な現実との整理がつかなくなって視るのを制限している。

先生は透視をするようになってから、さまざまなメッセージをもらうようになったという。
それは自分の大元や神様から届くようだ。

∧先生のブログから∨
■イチシマヒメの命（みこと）
土日の東京から戻ってきました。
出発前の金曜何も考えず池下駅前を歩いていたら、目の前にイチキシマヒメの命（みこと）という弁財天観音の一人がいきなり出て「きわめよ、きわめよ、その我欲。わらわもとてもうれしいぞ」と…。
つまり、我欲の限りを極めてよいぞ！ いわれたのです。
我欲という原点を喜んで下さい。それは純粋さのあらわれです。
今日からこんなことをアファメーションにして下さい。
『拡大発展の喜びに忠誠を尽くします！』

あなたは、光を動かして現実を創る「意識」であり、その結果を喜んで観察する意識です。
あなたの決意が光を動かします。

まず、純粋に我欲から！

自分が喜びの呼吸をしていないのに、他者の幸福をサポートできません。

実感した分だけ形になる。

喜びの呼吸が深い分だけ形になる。

呼吸していますか？

深く、ゆったりとした落ち着いた満ち足りた呼吸です。

丹田でしっかり呼吸して下さい。

そして、呼吸と共に我欲を「腹（はら）」で決意して下さい。

頭は介入させないで！

先生は、日々受け取るメッセージを、こうしたブログやセッション、著書を通じて広めている。

■「我欲」と願望実現の法則

先生の受けたメッセージの内容を解説しよう。「我欲」というと、非常に利己的なイヤな響きに感じるかもしれないが、いわゆる「エゴ」とは違うものだと先生はいう。「この世の中にいるのは何のため？　それは自分（観察者である自分）が楽しむため」とのことで、先生は「喜ぶこと以外は応援しない。楽しん

『空‥舞い降りた神秘の暗号』
（三楽舎プロダクション）
2010年11月11日発刊

ヒーラー

で遊んで暮らせることが普通だ」というメッセージも、別のところから受け取っている。先生の知人で古神道関係の人は「人が喜ぶから神が寄ってくる」といっているという。

考えてみれば、呼吸もひとつの「我欲」である。人が肉体を維持していくためには、食事も摂らないといけない。それは他の生き物の命だったりするのだが、それを拒否しては自分の生命を維持できない。ここで先生は、人の幸せは何かの犠牲によって成り立っているという思い込みがある、命をいただいたものにしても、「喜んで食べることで浄化される」のである、という。さらに、自分の宇宙と複数重なっているいるもの、他人の宇宙は自分がつくっているので、同じ宇宙を取り合っているのではない、宇宙はそんなにケチくさくないと語る。

人生訓などでよくいわれる「正負の法則」のように「こうしたからこうなった」ということではないと先生。「それは、昼が来て夜が来るだけの話」だという。

「何かをしてしまったから、その報いがきて不幸になる、または、不幸になった」というのは思い込みに過ぎないそうだ。何が起こっても意識はただそれを観察して楽しむだけだ。

また、自分の望む現実を引き寄せるには、写真のフィルムに映像を焼き付けるように、喜びのエネルギーで〝願い〟を現実に焼き付けること。願いが叶う先のことをリアルに思ってワクワクすることが大切だという。たとえば、ある物がほしいと思っていたら、実はその物自体もほしいと思っている人を引き寄せようとしている。こんな体験をしたいと

思うと体験自体が体験したい人を引き寄せ、体験する未来を引き寄せるのだ。

にわかには信じられない考え方だが、先生は欲望のままに生きても、そのうちバランスのよいところで落ち着くのでアクセルは全開でもいいのだという。もし、ブレーキをかけるものがあるとすれば、それは他人による妨害であって自分ではない。「欲は美しい」とさえ先生はいう。

願いは思えば叶うというのは、他の「願いの引き寄せ法」でもよくいわれることだが本当にそうだろうか。思っただけで叶うなら世界中幸せな人でいっぱいになっているはずと思うのだが、先生は「願いが叶わないのは自分を愛していないから」という。無条件で"ただ息をするだけの自分"を愛することが、な

かなかできないのが原因だという。人の思い込みの中には"だれかに認められなければならない"という思いがあって、たくさんの愛を得たいがために自分の悪いところを隠そうとするもの。そうすると、その想いが他人の口を借りて自分に跳ね返り自己嫌悪のもとにもなる。そうした思考、思考の結果の現象が、自分自身に条件をつけてしまうというのだ。

先生は、人のエネルギーには境界線がなく"自分を好き"のエネルギーは他人にも影響して、自分を好きになってくれるエネルギーになる。自分が好きなひとは他人にも好かれるということ。この法則からすれば、無条件で自分を愛せる人は無条件で他人からも物からも、望む体験からも愛され、願望を思い描くだけでそのエネルギーが現実化されるというわけだ。

ヒーラー

さらに、願望を叶えたいあまり、自分の宇宙をコントロールしようとしてもいけないという。宇宙に「〜ねばならない、〜べきだ」と規制をかけるのは、宇宙を信じていない証拠。そして、宇宙が叶えるのは〝喜びからくる我欲〞のみ。喜びとともに宇宙に願いごとをして、ただ信じるだけでそれが現実のものとなるのであって、あくまで立場は観察者だ。現実は自分がつくりだしているのだということを忘れてはいけない。

∧先生のブログから∨
■ことのまま神社
今日は、掛川市の「ことのまま神社」という、枕の草紙にも出てくる神社に行ってきました。自分の「言葉のまま」すぐにそれが現実化してくれる神社です。

今日は、ご利益をもらうとか、パワーがほしくて行ったのではありません。そんな貧乏くさい心根で、その神社に行けるわけがない。以前いただいた「恐怖対策の願いは叶えない」というメッセージは、ここから来ていたのかもしれない。確実に呼んでもらった気がします。

秋葉神社に行った友人と「今日は、神さんのパワーをこちらがアップさせに行こうよ」と決めていたのです。
もらったメッセージは、昨夜の延長。実に清々しい神社でした。
「楽しくて、うれしくて、喜んでいることへのサポートしかしない」と…。
ああ、あの千載一遇の服や、クリスタルに出会ったときの喜びの気持ち、それらをもっともっと感じながら、楽しんで手に入れていけばいいのだとわかりました。
自分のその喜びが、そのフィーリングが、引き寄せパワーをさらにアップする！

> だから、お金を使うことがうれしい人のところにはお金がギフトされる。
> 恋をすることが楽しい人のところに恋がギフトされる。
> 食べ物が好きで喜んで楽しむ人のところに、食べ物がギフトされる。
> 洋服が好きな人のところには洋服がギフトされる。
> それは、お金を経由することが多い。でも、そうでなくダイレクトにギフトされることもある。
> そして、生きていることの全部が楽しい人には、生きることの保証がギフトされる。

第で、願うだけの金額が手に入るのだという。さらに、お金は喜ぶために使うものであり「何かのときのためにお金を貯める」というのは「何か良くないこと」を自分でつくってそのために使うことになる（実現化してしまう）ので、全く逆の結果を招きかねないのだという。とかく、一般人の考え方は、目立たず、堅実に生きることに向かいがちだが、先生は「経済的にカツカツのときに、良かれと思うことをしてもうまくいきません。ひとりが突き抜ける、自分だけが幸せというのが居心地悪く、貧困でいることが安心で、まわりの人に気を使っていろんなことを我慢してしまう、というのでは、本当の自分の願いから遠ざかってしまいます」という。
このことは、先生自身が経験したことでも

■ お金は喜んで使うもの

金運を上げたい、とは誰しも思うことではないだろうか。先生は、お金のことも思うことではないだろうか。先生は、お金のことも思うことは自分次

ヒーラー

ある。先生は、20年来住んでいた安アパートを、住居兼サロンとしてしばらくの間そのまま使っていた。ある日、同業のヒーラーの人から「あなたは満足度が低すぎる」といわれ、ハッと気がついたという。

先のことを心配するあまり、本当の自分の願望を自分に許可していなかったのだ。そのときの先生は、「高い家賃の部屋になど引っ越せるわけがない」、引っ越せたとしても維持できるわけがない」と思い込んでいたという。普通に考えれば真っ当な考え方に思えるのだが、こういった考え方こそ観察意識である自分に枠を与えて願望の実現を阻害するものだと先生はいう。

事実、自分の思い込みをクリアした先生には、出資者が現れて現在のマンションの一室に、自分のお金は半額のみで入居を果たしている。しかし、直後の先生の所持金は40万円のみ。家賃を維持していくには心もとない金額だ。だが、そのときの先生は「なんとかなる」と思えて全く不安がなかったという。それからまもなくして、バタバタと高額のセミナーに予約が入り、あっという間に40万円が4百万円になったというから驚きだ。

先生は「注文を出したから、宇宙が届けてくれただけ」という。そのためには自分の欲求を知ることは大切なことで、自分の欲求をMAXに引き上げると、自分の本当の欲求がわかるという。すると、本当の自分の欲求を叶えるために必要なことが、宇宙からもたらされるのだ。

〈先生のブログから〉
■ことのまま神社 Part2

私は「お金は喜んで使うもの」だと100％悟りました。

自分が楽しんで使うことが全然怖くなるまでお金の学びは続きます。

つまり、喜んで、うれしがって、キャーキャーいいながら、はちきれんばかりに楽しく使っていくとき、恐怖感が自然と喜びに変容していくのです。

お金を使うときに、すごく楽しい！というバイブレーションをどれだけ純粋に感じていけるのか、それが鍵です！

2010年は、多分、多くの人がこの学びになります。

だから、好きなことや、興味があるものに、どんどんお金を使いながら、そのときにどれだけ喜べるかを「練習する期間」が続くようです。

喜ぶことにお金を惜しむから、サポートが来ない。

■受け取ることの大切さ

あなたが、何かの願いを発したとき、それは一つ残らず宇宙の中で創造されます。

だから、願いが叶っていないのではなく、あなたがそれを受け取っていないだけなのです。

受け取る態勢の『肉体バイブレーション』になっていないからです。そのため、創造されたものがハジキ返されてしまうのです。

あなたの肉体の中に、「ノー！」という拒否エネルギーが少しでもあれば、「ノー！」ハジキ返されてしまうのです。その「ノー！」はあの人はダメ、私はダメ、○○は良くない、〜は間違っている、この状況はマズイ、などといったような思考エネルギーのことです。あなたの人生から「ノー！」をなくして下さい。

宇宙の全てが、それがどんなことであれ、否定されるべきものは何もなく、全てに価値があり、役割があるのです。あなたが道で転んでもただ転んだだけです。ただそれだけです。経験しただけです。

ヒーラー

あなたが失恋しても、ただそれだけです。あなたが恋愛をハジキ返しただけではありません。何もマズイことが起きたわけではありません。

それに対して「ノー！」という態勢にならないで下さい。

感情にもすなおになってそこに寄り添って下さい。

全てに「イエス」であって下さい。受け入れて下さい。

そのあとに、新しい決意をして下さい。「新たに恋愛を受け入れます」と。

充分に古い感情が出ていってくれたら、新たに肉体を「受け取る態勢（イエス状態）」にして下さい。

■観察意識にとって思考は邪魔者

肉体である脳が考える「思考」とは、観察意識である大元の自分の願望にとって邪魔者でしかないと先生はいう。脳は単独で〝思考する〟機能は持っていないはずだというのだ。ところが、恐れや不安など、肉体からわき起こる感情や、社会、家族、学校、まわりの人、歴史や文化によって影響を受けた思い込みに振り回されて、脳は良からぬことを考えはじめる。古い情報や一般常識に縛られると新しい情報に気づかず願いを叶えるチャンスを失ってしまうのだ。

＜先生のブログから＞
■思考・マインド

先日も、「思考は何の役にも立たん！」と『上』からいわれてしまいました。

普通、人は皆身体や思考やマインド機能と一体

化してしまっている。まさに、これはもう病気だ。

無意識だから、一体化しているのだという意味もわからないくらいに一体化している。

でも、あなたは身体でもなければオーラでもない。もちろんマインドでもない。

あなたは純粋な、中立な、色合いを全く持たない「透明な自覚意識」として存在するだけだ。

（中略）

問題とは「問題がある！」という見方や解釈を通して「あなた」が創りだしている。

あなたは、あなたの頭やマインドを通じて、まわりの人や人生を解釈し全てを決めつける。

あるがままの「ただそうであるだけ」という中立な見方や、純粋な解釈ではなく何かの独特な解釈や意味づけをしたくなる。

このマインドこそが「問題」の発起人だ。

だから、思考やマインドというモノサシを使って人生や他者を見るかぎりあなたの人生は「問題」と悩みだらけになる。

マインドや頭は解釈や解答をほしがる。安心したいからだ。

でも、皮肉なことにその解釈や解答が、さらにあなたの人生に複雑な「問題」をつくっていく。

そもそも、本当に問題というものは人生には存在しない。

もし、宇宙に本当に「問題」があったならその時点でとっくに宇宙は消滅となるからだ。

プラス思考やマイナス思考この解釈や分類も、マインドに変わりはない。

生命も宇宙も人生も、全てがトータルで実に美しくあるがままだ。

そこには、なんの「問題」も見あたらない。

でも、あなたの思考やマインドだけが、今日も至るところに、常に「問題」を無意識に見つける。

問題を探したがる。
問題をつくりたがる。
まるで、それが生きる目的か、生きがいでもあ

30

ヒーラー

るかのように！ 全てのマインドや、思考のどれからもフリーでいたなら、あなたは人生や宇宙そのものとつながり、全ての幸せがすでに手中にあったことを実感するはずだ。

先生が一貫していっている、「大元の自分・感覚・意識・観察意識＝空」は、もう少しわかりやすくいえば、映画『アバター』の、元の肉体と仮の肉体を行き来する「意識」と同じもの。そして、つくり出す現実は、同じく映画の『インセプション』に出てくる夢そのものだという。肉体は仮のもので現実はいくらでもつくり出すことができる夢と同じだと先生は断言する。

先生は、この「空」の考え方を多くの人に広めたいと考え相談者の悩みに対応する傍ら、各種セミナーを開いている。ひとりでも多くの人が、今までの肉体に付随する思考を手放し、みんなが宇宙の創造主になってほしいという。みんなが自分の我欲に従って制限を外して、アクセル全開で暴れる世の中であれば、貧困や病気で苦しむことがなくなるというのだ。人々が悩みごとから解放されると先生の仕事は成り立たなくなるのでは、と思ったが、先生は「なくなったら次の仕事が来るだけ」と笑う。

先生のお話は腑に落ちることが多く、とても興味深いものだった。そして、人生に変化をもたらした相談者も多数だという先生のセッション、セミナーで、本当の意味での豊かな人生を手に入れてみたいと思った。

絶大なパワーと愛で
すべての人々をつつみこむ

心と体のトータルケア・サロン "La maison des anges"（メゾン・デ・ザンジェ）

ありす先生

得意とする相談内容：アダルトチルドレンの克服、恋愛、心身の健康、その他全般
施術手法：インナーチャイルドセラピー、スピリチュアルリーディング
施術方法：対面、出張
時　　間：10：00〜、14：00〜、18：00〜　要予約
料　　金：インナーチャイルド・セラピー　30000円／120分、2回目以降25000円／90分、スピリチュアル・リーディング（光の言葉セラピー付）　30000円／120分、カップルセラピー55000円／120分×2日（日程応相談）、出張インナーチャイルド・セラピー30000円／120分＋交通費＋宿泊費（場所代）、出張スピリチュアル・リーディング（光の言葉セラピー付）　30000円／120分＋交通費＋宿泊費（場所代）
住　　所：東京都世田谷区松原
電　　話：03 - 6661 - 2525（FAX 兼用）
ホームページ：http://www.salon-mda.com
※ご予約フォームよりお申し込みください。
※どの施術が自分に一番適しているか、話してみないと不安である、またインターネット環境がなくご予約フォームから申し込む事ができない方などに、ありす先生が直接お客様とお電話による無料相談 "コンシェルジュ・カウンター" を新設。
毎月第2・4月曜日16：00〜20：00

ヒーラー

愛らしい笑顔、花が咲いたよう、という表現がぴったりな人、それが心と体のトータルケア・サロン "La maison des anges"（メゾン・デ・ザンジェ）を主宰するありす先生だ。出会う人に癒しをもたらす、光り輝くオーラの持ち主。愛に満ち溢れたほほ笑みを浮かべる先生が、悲惨ともいえる波乱の人生を歩んできたなど誰が想像できるだろうか？

■壮絶な人生経験、アダルトチルドレンを克服してセラピストに

2歳の頃から精神障害の生母より虐待を受け、生母が入退院を繰り返していた小学校入学前は、ほとんどを児童福祉施設で過ごした。小学校入学後は親戚の家を転々として、その後生母に引き取られるが、また病状悪化のため親戚の家へ。そこで祖父から執拗な性的虐待を受けるというまさに地獄のような日々。生まれ持っての不思議な力の影響や異常な生活環境にあった影響で性格形成に問題があったせいか、小・中学校では過度のいじめに遭った。

両親が離婚して間もなく再婚した父に引き取られ、継母と新しい弟妹を迎え、今度は5人兄弟の長女として厳しく育てられる。継母との確執のなかリストカット症候群になり、高校時代は自殺未遂を繰り返し出席日数不足のため卒業を2カ月後に控え中途退学。このままではいけないと住み込みで働ける職場に就職、安住の地を求めて結婚して20歳で長女

を出産するものの23歳で離婚。就職して生計を立てる傍ら夜間学校で学び、専門学校を卒業したが、長女への虐待や借金問題に悩まされる日々が続いた。

"生き辛さ"の根底にあったのはアダルトチルドレンという深刻な問題であったと先生は語る。先生はある著名なインナーチャイルド・セラピーの第一人者と出会い、彼女のセッションを受けることで少しずつアダルトチルドレンを克服。現在は生きる喜びを大いに感じ、独自の霊能力とセラピストとしての実力を組み合わせた"ありす流"を開発。相談者にとって現実を見据えた鑑定をモットーに、スピリチュアルカウンセラーとして活躍している。セッションは東京都のサロンと拠点の愛知県ばかりでなく希望に応じて、日本全国どこへでも出張しセッションを行う。それは対人恐怖などで、どうしても外出することができない人たちにも笑顔を取り戻すパワーを与えたいという先生の熱意の表れである。

「アダルトチルドレンはもともと、アダルト・チルドレン・オブ・アルコーリックス（Adult Children of Alcoholics＝ACOA）で、アルコール依存症の親を持つ家庭に生まれ、成人した人のことをいいます。現在ではアルコール依存症の親ばかりでなく暴力やギャンブル依存症、買い物依存症など問題を抱えた大人がいる家庭環境に育ち、成人した人をアダルトチルドレンと呼ぶようになりました。今、育児放棄や幼児虐待など深刻な社会問題になっていますね。傷ついたままの

ヒーラー

（その人のなかの）子供＝インナーチャイルドが気づいてもらいたくてSOS信号を送ってくることがありますが、それが過度の飲酒や暴力、自虐行為となって出てくることもあります。私のスピリチュアルリーディングはインナーチャイルドの声を聞いて、苦しみの原因を明確にしていきます」原因がわかったら、インナーチャイルド・セラピーでインナーチャイルドを開放し、苦しみ悲しみなどネガティブなものを取り去り癒していく。すると、これまで自分自身を責めたり、ただ漠然とした不安にとらわれていたのが、苦しい経験もプラスの経験として考えられるようになり、すべてをプラスへ転換することができるようになる。辛いできごとに見舞われても怖がったり逃げ出したりせず自らの力で乗り越えることができるようになるという。また、結婚して子供を持ったものの幼少期愛されなかったためにどうやって子供に接していいのかわからずに悩んでいた人が、先生のセラピーを受けたことで、ごく自然に自分の子供を抱きしめてあげられるようになったという。先生の目標は第二のアダルトチルドレンの連鎖を止めることにあるという。

■現実を見据え、悩みの根本原因を断つ

「もしがん細胞が見つかったらどうしますか？　再発しないようにすべてのがん細胞を取り除きますよね。どうしても人間関係がうまくいかない、いつも問題がある異性とばか

りつきあってしまう、愛されるために自分ばかりを犠牲にする恋愛パターンを繰り返す、借金を繰り返すなど、苦しみや悲しみの連鎖は元を断たなければなりません。"もしかしたら自分はアダルトチルドレンかもしれない"とわかっている人はインナーチャイルド・セラピーで傷ついた子供時代を癒してあげることができますが、どうして自分が辛い選択ばかりしてしまうのかわからない人もいらっしゃいます。悩み解決の糸口がつかめない人のためにもスピリチュアルリーディングはとても効果的です」

また、ありす先生は幼少期に受けた虐待ばかりでなく、記憶の奥にしまいこんだ辛い経験が生き辛さの原因になっていることも多いと語る。

「幼少期の親の虐待ばかりでなく、学校でのいじめ、初めておつきあいした人からの心ない言葉や暴力、職場でのいじめも、心に大きな影響を与えます。施術していくうちに"えっ！ 私はこんな経験をしたの？"と驚かれる方がいらっしゃいますが、人間の記憶はとても辛いこと、苦しいことを消してしまうことがあります。自己防衛本能ですね。でも、それは根本から消えているのではなく心の奥底でははっきり認識しているんですね。記憶の奥深くにある"認めてほしい！""私はここに存在している！"という叫びを聞いて、ケアしてあげることで本来の自分自身を取り戻すことができます」そして"ありす流"のセラピーは「ただ癒されたい」という一時しのぎではなく現実と向かい合い、障害

ヒーラー

温かい笑顔で相談者を迎える先生

や問題の原因となっている部分をしっかりと取り除くことにある。「初めていらっしゃったときは苦しみの原因がわからずスピリチュアルリーディングなどで原因を明らかにしたりインナーチャイルド・セッションを受けるでしょう。基本的には1度受けていただくだけでいいのです。その後日々の生活の中でどんどん変化していきます。その変化の過程で"○○という問題が見つかったから、解決したい。そのためにはどうすればいいだろう"と私のところへいらっしゃるのは大歓迎です。でも何もかもリーディングやヒーリングにお任せ、という依存はよくありません。誰でもネガティブなものを手放して大きくステップアップする力を持っています。それを忘れないでほしいですね」

そして、今年の秋からは夫婦や恋人と一緒に受けることができるカップルセラピーも行われることになった。「インナーチャイルドを抱えている人は、似たようなタイプを呼び寄せることが多いですね。なぜかというと、お互いが成長するために必要だからです。傷を舐めあって慰めあうばかりでは共依存、共

倒れになってしまいます。ネガティブなものを2人で手放し、共に歩いていける。そのお手伝いをさせていただくことで、アダルトチルドレンの連鎖を止めることにもなります」

■アダルトチルドレンをプラスの体験に

「たしかにアダルトチルドレンは辛い経験です。でもインナーチャイルドを開放し、克服することができれば、経験を学びとしてすなおに受け止めることができるようになります。その変化はセッションを受けようと決めたときから始まります。それは〝気づいてもらえるかも！〟と心が反応するから。助けてもらえるという希望が生まれるんですね。そう思った瞬間から、あなたの最大の味方は自分自身になります。アダルトチルドレンや辛い記憶が原因で敵になってしまっている自分を味方につけましょう」

> **体験談**
> **自分を責め続けた日々から解放された（Mさん）**
>
> 困難にあうたび「私がこんなだからいけないんだ」「私がいるから人が辛い思いをするんだ」「こんな私は幸せになる資格なんてないんだ」そんなことしか考えられなくて、前へ進んでいくことができない自分が大嫌いでした。
> ありす先生の鑑定を受けていて、先生の口からインナーチャイルドという言葉が出てきた時は思わず耳を疑いました。インナーチャイルドとい

ヒーラー

う言葉は知っていましたが、まさか自分の心のなかにも存在していたなんて。ちょっと怖い気もしましたが、自分が変わって前へ進んでいけるなら、と思いセラピーをお願いしました。元々あまり人の顔を見て話すことができないのと緊張のせいもあり、最初はありす先生のお顔を見ることさえできませんでしたがセラピー終了後はちゃんと先生のお顔をしっかり見て「ありがとうございました」と言えました。

自分でも笑ってしまうくらい、人が変わったように思えました。セラピーを受けて間もなく、久々に会った友人に「なんか前より生き生きしてるね」といってもらえ、うれしいと同時に本当に驚きました。「これからあなたにも、あなたの周りにも変化が起こってきます」という先生のお言葉通り、現在さまざまな変化が起こってきています。それは決して良いことばかりではないのですが、以前のように自分を責めて動けなくなってしまうなんてことはなくなりました。セラピーで癒された自分のなかのもう一人の"私"が、今は私の味方になってくれています。私の大切な人も心に大きな傷を持っている人で、その人にどうかは自分が気づいていたのかどうかはわかりませんが、好きな人が現れても、その闇が邪魔をしていました。「愛され

ているそうです。ボロボロだったあの私をいつも支えてくれていたあの人を、今度は私が支える番です。今の私ならできる。そう信じて毎日笑顔で歩いていきたいと思っています。ありす先生、本当にありがとうございました。

闇から脱出、前向きに楽しく生きています（Fさん）

私の中にあった闇は、ありす先生さえも驚くほど深いものでした。今まで、その闇に自分が気づいていたのか

> れていても、彼が歩み寄ってくれていても自分から避けてしまっている」と先生からいわれました。鑑定でいい結果をいわれてもうれしいのにどこか信じられず。セラピー後に、彼との関係が急速に進展した、というわけではありませんが、信じることができるようになりました。今のわたしと彼との関係は、まだこ
>
> れからですが、ありす先生は「大丈夫」といってくださいました。今は未来をすなおに信じられます。信じられるのは、彼だけでなくすべてのものです。「まず、信じよう」と思えるのです。結果、いい方向へ進み始めました。そして、人に嫌われることがこわくなくなりました。滅私奉公のようだった自分の行動が少
>
> しずつ変わってきたのです。セラピーのあとは、人によって感じるものが違うと思いますが、私の場合はキラキラした感じです。今もあのとき感じたキラキラに守ってもらっている気がします。未来の幸せに向かって、前向きに楽しく生きていきます。

■お一人、お一人の心と体の状況に寄り添う

「どんな小さなことでも、その人にとって辛いことが一番辛いことです。誰にも比較はできません」と先生は語る。「だからこそ、お一人お一人に向き合ってオーダーメイドのケアでなければいけないのです。マニュアル通りのケアではいけない」という。「心のバラ

ヒーラー

ンスが崩れていたら体にもどこかしら影響がでています。ホリスティック医学では、身体だけでなく、目に見えない心や霊性を含めた"Body-Mind-Spirit"のつながりや「環境」まで含めた全体的な視点で健康を考えます。

全て健康な状態で輝きを取り戻してほしい」

そう語る先生がサロンのスタッフ、多方面な角度からの施術に拘っているのもうなづける。また、先生の集めたスタッフは、それぞれが独立してサロンを持

いつも天使が見守っている

ち、活躍している。雇用という形ではなく参加という形で、お互いそれぞれの施術を尊重し合っているというのも、あまり例をみないサロン運営であるといえよう。その形が先生のいう『相談者お一人お一人の心と身体の状況に寄り添う』ことの表れであるといえよう。

心と体のトータルケア・サロン
"La maison des anges"
（メゾン・デ・ザンジェ）スタッフ紹介。

● eco先生：REIKI、REIKI PLUS担当

気功師・霊能力者　心と身体を癒す『CoCoKaRa』代表

ホームページ：http://www.cocokara.info/

電話番号：03-6915-3659

プロフィール：物心がついた頃から特殊な霊能力を所有しており、その能力をコントロール・開発するために、『気功』と出会い気功師となる。気功師として活躍する傍らレイキも学び、自己の所有する能力と融合した、独自の"REIKI PLUS"を開発し、プロの霊感士や占い師から大きな支持を得る。

"REIKI PLUS"とは、スタンダードなレイキのエネルギーに、クライアントをリーディングしてその人に必要なエネルギーを注入する、いわばクライアントに対してオーダーメイドなレイキである。

改善にも大きく役立つ。霊障害に関しては、憑依体質の舗の浄化、マンションの浄化など、法人関係からも大きく支持を得ている。

類まれな力を持ち多くの実績を持つ。閉鎖店

●佐藤英行先生：フェルデンクライスメソッド、理学療法プラン担当

理学療法士、あん摩マッサージ指圧師、はり・きゅう師。

日本ストレスマネジメント協会認定 リラクゼーションプラクティショナー

日本医学協会認定救急蘇生法適任者 WAB認定WATSUプラクティショナー

フェルデンクライスメソッドATMステューデントティーチャー

米国NPO団体Water Planet セラピースタッフ

ホームページ：http://www.watsu-japan.com/

ヒーラー

医療法人社団英明会環8クリニック、医療法人社団永生会永生病院リハビリテーションセンターを経て現在フリーに。主に脳血管障害、中枢神経疾患、整形外科疾患の理学療法及び鍼灸治療を実施。1996年には、昭和大学藤が丘リハビリテーション病院にて理学療法士入谷誠氏に師事、足部と歩行の体系的評価及び治療を始める。環8クリニック時代には主に手術助手として手術室にも勤務。専門は足部疾患・東洋医学及び水治療法。

現在、PNFと東洋医学をベースとした新しい体系的治療法を展開するとともに、WATSUをベースとしたリラクセーションセラピーを実施中。2008年より「Lamaison des anges」から出張治療の委託を受け、理学療法・鍼灸プランを担当。

2009年より「フェルデンクライスメソッドATMステューデントティーチャー」としてATM（AWARENESS Through Movement 動きを通しての気付き）レッスンを開始。また、定期的にアメリカ・フロリダ州でドルフィン・スイムによる心の治療にもかかわる。

●縁記さちこ先生：アロマテラピーフェイシャルトリートメント担当
アロマテラピスト アロマセラピーとデトックスのサロン『ローズオットー』主宰
英国IFA認定 アロマセラピスト AEAJ認定 インストラクター
日本デトックス協会認定 ディプロマ取得
ホームページ：http://rose-otto.saitama.in/

プロフィール：20年勤務した百貨店時代に、自称コスメ研究家、といえるほど、色々なブランドの化粧品にお金を費やし試す。もう少しお手頃価格で良いものはないかな、と考えていた際にアロマと出会う。化粧水やクリームなど、コスメブランドの半額以下の価格で、効果は大。今まで費やしたお金は何だったのと後悔すると同時に、休みの日に学校に通い、日本アロマ環境協会のインストラクターの資格を取得。その後、本格的にアロマセラピーを勉強しようと思い、会社を辞め国際ライセンス（IFA）コースのある乃木坂グリーンハウスで1年学び資格を取得。心や身体の疲れは、一番〝顔〟に表れる。だからこそ、フェイシャルに一番力を入れたいと縁記先生は語る。また、人生の一番きれいな瞬間を最も輝かせるお手伝いがしたいと行っているブライダル・エステにも定評がある。

●弘香先生：ヒプノセラピー担当

ヒプノセラピスト（催眠療法士）　『こころとからだ　アトリエルッコラ』主宰

光の言葉セラピスト　チャネリング、リーディング、プロテクション伝授

自力整体ナビゲーター　3原色6本のパステル画講師

プロフィール：タウン紙の記者、雑誌編集の仕事を経て、ヒプノセラピー（催眠療法）を中心とした、心にまつわる個人セッション、心と体の自力整体、3原色のパステル教室を開く。ヒプノセラピーでは、退行催眠、前世

ホームページ：http://www.atoruco.com/

ヒーラー

●ヘレンママ先生：フィジカル・アジャストメント・リーディング・セラピー担当

エネルギーヒーラー 「ヒーリングスポット HEART HAND」主宰

電話番号：024-983-8900

11年ほど前より、郡山の「ヒーリングスポット HEART HAND」にてヒーリングワークを始める。独学で始めた施術だったが、日々クライアントとの触れ合いのなかから、たくさんの学びを経て、その力はより強く、確かなものへと変化していった。評判がじわじわと口コミで広がり、今ではたくさんの顧客を持つ、ライトワーカーとして活躍している。 施術は独特で、エネルギーワーク、ライトワーク、ヒーリングワーク、スピリチュアルワークの融合といっても過言ではない。 主にアロマ、キネシオロジー（カイロ）、音叉、エネルギーヒーリングなどが含まれた、この施術を受けられるのは「ヒーリングスポット HEART HAND」と「メゾン・デ・ザンジェ」だけである。

療法、インナーチャイルド、サブパーソナリティ、ハイヤーセルフ（二回目以降）、未来順行、チャクラ他、さまざまな角度からテーマを扱うヒプノセラピーを応用、光の言葉セラピーやヒーリングを加えたオリジナルセッションを行なう。ふんわりとした天使のようなエネルギーを持ちながらも、きっちりとした常にクライアントの進んでいく方向性を考えた切り口の施術が好評。

●小野木美佳先生：メディカルアロマカウンセリング担当

薬剤師　メディカルアロマサロン「l'esprit・herbe」主宰

NARD認定アロマアドバイザー

ホームページ：http://profile.ameba.jp/lesprit-herbe/

プロフィール：薬大卒業以来、薬剤師として製薬メーカー、医療機関、調剤薬局で働くなかで、西洋医学では完治しない患者や薬の副作用に困っている患者を目の当たりにし、また、自身も薬の副作用が顕著に出る体質で西洋薬に対する不安を持つなかで、何かいいものはないかと思案して10年ほど前に代替医療の世界を知り、アロマテラピーを単なるリラグゼーションだけでなく、補完医療的に使いたいという思いが出てきたと同時にケモタイプ精油に薬学的な成分があること、また、精油成分は漢方薬に含まれるものもあることを知り、漢方もアロマも原点は同じであると思い、自然の恵みのすばらしさを訴えたいと考え、また未病の状態の方々に未病状態でることを伝えたいという意志の元、アロマ協会NARD JAPANでアロマアドバイザーの資格を取り l'esprit・herbe を立ち上げる。現在は小児科の調剤薬局で働きながら、サロンにおいて不妊で悩む方、アトピー、心身不安定、月経痛、PMSなどをはじめ筋緊張型の痛みなど、生活習慣に関わる疾患改善の相談に乗っている。

ヒーラー

●華凛先生：シータヒーリング、シータヒーリングセミナー担当

『Ange-Chaira（アンジェシェーラ）』代表

ホームページ：http://www.ange-chaira.com/

電話番号：073-4444-9835

シータヒーリングヒーラー、スピリチュアル・カウンセラー

プロフィール：霊感・霊視・透視・チャネリングを用いて、恋愛を中心にさまざまなジャンルにおいてクライアントを鑑定する。状況を好転させる力とヒーリング力で、多くのリピーターの支持を得るなか、ひとつ問題を解決してもまた同じパターンの問題の相談を受けるうちに、その問題の根源となるものが

クライアントの潜在意識のなかのブロックにあることに気づく。そのブロックを根本から取り去る方法を探すなか、シータヒーリングに出会い、潜在意識の仕組みを変え、同じパターンの悪循環から抜けることで、人生を変えていかれることのすばらしさをより多くの人に伝えたいと感じ、シータヒーリング創始者であるヴァイアナ・スタイバル女史より直接指導を受け、シータヒーリングインストラクターライセンスを取得。シータヒーリングセミナー・講座の実施、ラジオパーソナリティとしても幅広く活動中である。

未知なるパワーと驚異の波動修正で闇を光に変える

セラピールーム BLUE CAT MOON
華永(かえい)先生

得意とする相談内容：浄化、浄霊、プロテクション、トラウマの解消
施術手法：ルキアスエネルギー（プロテクション、浄霊、浄化、ミィスティックヒーリング、自動全身骨格調整、ライトボディ復活&全チャクラ開放&不要なカルマの消滅セッション）、リズミックムーブメントによる原始反射のバランス統合、ブレインジム、ヒプノセラピー（前世療法）、クリスタルヒーリング、EFT、天然石手作りブレスレット（強制浄化） など
施術方法：対面、遠隔
時　間：10:00~20:00　要予約　不定休
料　金：ルキアスエネルギー光華　マスターより（認定書発行、シンボル辞典配布、シンボルの使い方、エネルギー水の作り方、ヒーリングのやり方等のセミナー有）100000円、グランドマスター華永先生より直接光華の場合は自動浄化&自動全身骨格調整も加わり　200000円（遠隔伝授　100000円）、ミィスティックヒーリング　10000円～/10分（マスター、ヒーラーにより値段は異なります。ルキアス認定ヒーラーご紹介のページ http://lucias.jp/index.html よりご確認ください）、ルキアス光華者対象「集い」（光華を受けた方の再光華ワークとなります。自動全身骨格調整&自動浄化、波導水プレゼント）＊2部制　5500~6000円/1部（10:00~12:30)、10000円/一日参加（10:00~17:00)　＊年4回開催　他不定期、ヒプノセラピー（前世療法）初回算命学鑑定付きで2セッション　45000円、原始反射のバランス統合　20000円、ブロック&トラウマ&恐怖症を解くセッション（2テーマ）30000円／約3時間、ブロック&トラウマ&恐怖症（2テーマ）&自動全身骨格整体（このセッションが受取れる為の）&浄化&浄霊&ミィスティックヒーリングセッション付45000円／約5時間、新ビューティーコース　90000円　＊1日1名女性限定
住　所：神奈川県相模原市緑区橋本
ホームページ：http://www.bluecatmoon7.com/　　　http://lucias.jp/index.html
※ご予約方法とセッションルームご案内より、スケジュール表のマークの付いている日の中から第三希望日までをメールにてご連絡ください

48

ヒーラー

神奈川県橋本にあるクリスタルルーム。取材日は雨模様、しかし、先生のルームはおだやかな光に包まれているような高次元のエネルギーを感じられる空間であった。華永先生が蒐集したパワーストーンの数々、壁にはイコンと呼ばれる聖画が。エネルギーを感じる人は、華永先生からも光があふれているのが見えるのだという。

西洋霊気を学び、ヒーラーとしての長い経験を経てティーチャーを学び、次に直伝霊気を学び、霊気マスターとして多くのヒーラーやティーチャーを養成。そしてヒプノセラピストとして、ヒプノセラピスト育成によって多くの人々の前世を一緒に体験したり見直すことで、魂の癒しを続けてきた華永先生。そんな先生に突如、未知なるエネルギーが降りて来たのは2006年2月12日のことだった。

■ 高次元より降臨した
ルキアスエネルギー

「ルキアスは霊気統合アチューメントを行っているときに突然降りてきたエネルギーです。あまりの熱さに一瞬何が起きたのかと、統合アチューメントを受けていらっしゃるクライアントさんと同時に驚きました。午後から行われた霊気交流会でも2月の寒さがうそみたいに会場が熱くなり、参加者の一人がエアコンを切ろうとしたところエアコンは動いていません。室温は19度。しかし全員顔が真っ赤な状態で身体の芯からの熱さにみな上着を脱ぐほどでした。私はエネルギーのあまりの凄さに普通じゃないもの

このイコンにアファメーションを唱えると、未浄化の霊たちを光に吸い上げ帰してくれる

を感じました。それが高次元から降りてきた霊気とは異なるエネルギーだとわかったのは数日経ってからのことでした。ルキアは光。イタリア語の光（ルチア）を英語圏で発音するとルキアだと、ある方に教えていただきました。光であるルキアが複数降りてくるということで、複数のSをつけてルキアス。そのとき〝これからどんどん新しいルキアのエネルギーが降りてくる〟といわれたのですが、その通りにどんどん新しいルキア（シンボルエネルギー）が降り続けています。こうしてルキアスエネルギーという名前が生まれたのです」

　ルキアスの身体の中心から外へ広がっていくエネルギーは魂から精神そして肉体へと癒しを行うのだが、それらは瞬時に行われるので肉体の不具合にはすぐに対応するのだという。

　このルキアスエネルギーの光華（ダウンロード）は、まず自動全身骨格調整＆自動浄化を行いエネルギーを受け取れる状態にしてから行われる。これはグランドマスターである華永先生しか行うことができない。光華はマスターも行うことができる。光華は基本編のグラウンディング・センタリング・バランス・浄化・愛・癒し・解放編のその人の内なる光を輝かせる・その方に必要な扉を開ける・癒し編の修復・代謝の活性化・自分を愛する・筋肉や心のコリを解す・特殊編のカルマを解く・多次元を癒すなど32シンボルエネルギー

絶大な力を持つ石〝シトリン〟が多くの人々に力を与えてくれる

ヒーラー

と、その人に必要なエネルギーを強力なスタイルでダウンロード。光華を受けるとヒーリングや遠隔での施術ができるようになり、自己ヒーリングを続けることで自分自身の身体を癒し、そして覚醒が起こるようになる。また、プロテクションのパワーも身につくので人が大勢集まる場所やネガティブなエネルギーが溜まっている場所へ行くことでも身を守ることができるという。

ルキアスエネルギーには次のような役割がある。

●覚醒のエネルギー・・・自分自身が本来持っている、まだ眠ってる能力を目覚めさせるもので、ルキアスエネルギーと融合することで、その人独自のエネルギーをつくりだす。光華を受けた人によって、それが高次元の存在と繋がるチャネリング能力であったり、ヒーリング能力であったり、オーラが視える能力など千差万別である。〝自分にはこんな力が眠っていたのか！〟と驚かされると同時に、ルキアスエネルギーを多くの人に役立てるためにとマスターやヒーラーへの道を歩みだす人も少なくない。

●闇を光に変えるエネルギー・・・これまで自分が犯してきた罪、怒りや悲しみと真正面から向かい合い、自分の内にあるネガティブな意識＝闇を光へと消化させるものだ。闇は恐れたり目を背けるものではなく魂の学びに必要だったもの。これを認識することで魂は大きく成長する。

●浄化・浄霊のエネルギー・・・土地に憑いてる霊や人に憑いてる霊の浄霊を行うもの

で、自分自身に憑いてる霊や自宅に憑いてる霊、周囲の土地の浄霊などを自身で行うことができるようになる。

● 磁場調整・・・ルキアスエネルギーで土地を浄化して磁場の調整を行う。これによって土地が持つエネルギーが改善される。

● 癒しのエネルギー・・・肉体・精神・魂に対する癒しのパワー。現世ばかりでなく、過去世も癒されることで現在ばかりでなく未来が良い方向へと変わっていく。

光華を受けた人のためにグループワーク「集い」を定期的に開催。集いでの光華は参加者がその場で合掌するだけでルキアスエネルギーを受け取ることができる。一般的なヒーリングは受けたらそれで一旦終了、とい

うのがほとんどだがルキアスエネルギーの光華の場合、アフターフォローがしっかりなされている。せっかく灯った火を消すことなくいつまでも活用できるように、という願いも込められているのだ。

■ ルルドの泉の水が出現

ルキアス光華の際にアクセサリーや水を同じ部屋に置いておくと、ルキアのエネルギーが転写される。この日は特別に先生からパワーを入れていただくことができた。取材者が身につけていたパワーストーンのブレスレットに先生が手をかざして軽く指を鳴らすと、たちまち輝きを取り戻したのには驚いた。ブレスレットをつけた瞬間、涼しさを感じたあと、身体全体がとても軽くなった。そして華永先生がつくる波導水は、身体を癒す水や願いご

ヒーラー

との水など不思議なパワーが宿るという。先生が持つルキアスエネルギーは自由自在に奇跡の水をつくりだす。たとえばルルドの泉、不動明王や大日如来、空海のパワーが宿る水など。ルルドの泉の水は硬く、日本の水とは明らかに違う味がした。この波導水はペットボトルなどに入れておいて、残り少なくなったら水を足すとパワーが永久的に続く。

また、先生は触らなくても骨の調整ができたり、肌に手をかざすだけで美しく輝かせることができる。（薄毛の人に瞬時に毛を生やす様子は動画配信サイトで話題に）文字通り美しくなる新ビューティーコースを受けた人からは〝肉割れがなくなった〟〝肌が白く、ツヤツヤに〟〝白髪が減って、髪にツヤとハリが出てきた〟という喜びの声が。新ビューティーコースは全身骨格調整、顔のリフトアップ、セルライトの消去、ウエストのクビレ、バスト＆ヒップアップ、髪の活性化に効果があり、輪郭やまつ毛はその場で変化を目の当たりにすることができる。

まるで魔法のようなルキアスエネルギーだが、これは個人だけが幸せになるために存在するエネルギーではないと華永先生は語る。

「このエネルギーを受ける方が増えれば増えるほど、世界中の闇が光に変わっていきます。受けた方から光がまわりに波及するからです。ぜひルキアスエネルギーの光華を受けられ、ご自分の闇を光に変えて癒し覚醒の道を歩まれてください」

中央の丸い石レムリアンシードにはレムリア大陸の情報が入っているという

53

■ トラウマから心身の悩みまでを根本から解消

限りないパワーを持つルキアスエネルギーだが、華永先生はこのエネルギーにヒプノセラピー、リズミックムーブメントなどを組み合わせてセッションを行うことも多い。「現在抱えている悩みや苦しみは、過去のできごとが大きく影響しています。ヒプノセラピーによって原因となっている子供時代、そして過去世へ導くことにより、受ける人自身が過去世の人生を再体験していただきます。もし目標としていたはずの生き方とは違った方向へいってしまっていた場合はハイヤーセルフに尋ねて確認し、間違っていた場合は時間を戻して書き換えを行います。こうして現世に及ぼしているトラウマを解除して悪い影響を解消していきます」

華永先生が行うヒプノセラピーは未来にも大きな影響を及ぼす。ある人は、過去を読み取ろうとしたところ未来が視えてきた。しかも交通事故で寝たきりの状態で、とても驚かれたという。「それは〝この人はこのままでいくと、将来こうなる〟と教えられたんですね。過去世をみてみたところ、他人を傷つけて下半身麻痺の状態にしてしまったということがわかりました。これに気づきカルマを解消することで事故に遭う心配がなくなりました。ヒプノセラピーを受けられるとき、一緒にルキアスエネルギーの光華を受けることもできます。受けた方は、その後の変化にとても驚かれます。まず感性が敏感になり、悪い場所や悪い波動を出すものはすぐに感知してまわりに良い影クションするようになります。

ヒーラー

響を与えられるようになる方も多いですね」

また、ブロックやトラウマ、恐怖症を速攻で取り去るセッションにブレインジムを用いることもある。ブレインジムとは脳の各部分の働きを統合することで思考能力、運動能力が向上。心身のバランスがとれるようになり、本来自分が持っていた力が発揮できるようになるというものだ。これを行うことで〝掃除するのが面倒〟〝初対面の人に会うのが苦手〟などのブロックを除去することができる。

偉大なるルキアスエネルギーと自らの経験や能力を駆使して悩める人たちはもちろん、アセンションという大きな節目を迎える地球にエネルギーを与え続ける華永先生。そのパワーに触れた瞬間、あなた自身のアセンションが始まるに違いない。

体験談
みゆき様（40代）

私の父は車の運転中プロパンガスの配達車（2トントラック）に左から突っ込まれ、大学病院のICUに運ばれました。乗っていた軽自動車は大破。生きていたのが奇跡！ 運ばれたときには顎、右肩、肋骨10本、骨盤、腰の骨を折り、肺は破裂、心臓を強打して動脈にも傷がありました。華永先生に遠隔をしていただいたところ、事故から20日後には車椅子に乗り、ラジオで大好きな競馬を楽しめるまでに回復しました。入院中、先生の遠隔のおかげで、父の顔色がどんどんよくなっていくのがわかりました。最初はドクターから「ご高齢なので少なくても骨がくっつくのに2〜3カ月はかかりますね」といわれたのに。ドクターも看護師さん達も、父の奇跡的な回復に心底驚いているようでした。そして「もう退院なの〜！」と皆さんに言われたそうです。その後新車を買って自分で運転してリハビリに通っています。お陰様で元気な父に戻れたことを感謝しています。

魂と宇宙の高次元のエネルギーを結び
本来の人生の流れへと導く
神界のメッセンジャー

かむさかえ相談所

かむさかえ先生

得意とする相談内容：病気、事業、恋愛、結婚、夫婦、子供、経営相談、
　　　　　　　　　　ネーミング、パワーアップ、土地、建物、
　　　　　　　　　　チャネリング　その他
施術手法：チャネリング（神結び）
施術方法：対面、遠隔　（秘密厳守）
時　　間：10：00～18：30　完全予約制　不定休
料　　金：一般的なご相談3500円～／60分
住　　所：〒569-0056 大阪府高槻市紺屋町1丁目1番地
　　　　　　高槻グリーンプラザ1号館3階
電　　話：072-671-8931
※メールでのお問い合わせは現在行っておりませんのでお問い合わせ
　などは電話にてお願い申し上げます。

ヒーラー

菩薩のような微笑で迎えてくれる

　JR高槻駅前、高槻グリーンプラザの3階にかむさかえ相談所はある。にぎわいを見せる駅前にありながら、竹林の奥深くにひっそり佇む庵のような雰囲気がとても印象的だ。白いカーテンをくぐって室内へ入ると、かむさかえ先生が笑顔で迎えてくださった。京人形を思わせる美しい面差し、やわらかな語り口調。「魂のよき思いで世の中をきれいにできますように、というのが私の願いであり喜びです」と語る先生。弱音を吐いても、恨み事を漏らしても先生は叱責することなく、その人を苦しめているマイナスのエネルギーを取り去り、宇宙の高次元のエネルギーを注ぐ。その姿は慈愛に満ち、迷える人々を光の下へと導く菩薩様のようである。かむさかえ先生に出会った人の多くが定期的に開催され

57

る集いに参加したり、うれしい報告をするためにたびたび先生の元を訪れるという。

■幾多の試練を乗り越え、天（かみ）結びの力を与えられた特殊能力者

一人の女性として、共働きをしながら、ご く普通に主婦業や子育てをする毎日を過ごし ていたかむさかえ先生。その頃は神仏など 全く信じていなかった。「ある日、私はこの ままでいいのかしら？　何か社会に役に立つ ことがあるんじゃないかしら、と思うように なったんです。世の中には悩み、苦しんでい る人がたくさんいらっしゃいます。私たち人 間をつくった存在が創造主と呼ばれるのな ら、その存在に、悩みや苦しみから解放され

る方法を教えていただければいいのではないかという考えに辿り着きました」

次に先生は太陽がなければ私たちは生きていけない、ならば太陽を信じることにしようと決心。密教で行われる千日修行のように1000日3年間、太陽を崇め、太陽光線を浴びるなど熱心に修行を続けている間に肉体と精神に入っているありとあらゆる悪想念※1が噴出し、浄清※2されていった。「それだけでは不十分。もっと教えて、もっと教えてという気持ちが高まり、神様を信じる思いがでてきました。すると〝私の身体を使ってください。神様がこの地球上で行いたいことがあるなら、私をどうぞ使ってください〟と思うようになってきたのです」

そして幾多の試練を乗り越え、そのことを

ヒーラー

想いつづけること10年。すると、宇宙の高次元エネルギーを扱う能力が開花され「おまえは多くの人の魂を助けてあげなさい」という神様からのメッセージを受け、また人間に必要な5つの健康である①肉体の健康②精神の健康③経済の健康④家庭の健康⑤社会の健康それらを得るために、その人間の邪気、悪想念を浄清させ人生をプラスに導くその能力をも得る。「浄清さすことでその人の肉体と精神がよくなればよし。浄清さすことで仕事や未来が開かれればよし。浄清さすことで社会が良くなればよし。また浄清さすことでその人の魂の能力が目覚めてくれればよし。簡単なことですよ」とこともなげに語るかむさかえ先生。この人こそ神に選ばれた人なのだ。

※1 悪想念とは人にマイナスの行動、感情をもたらす情念（情念とは仏教でいう108つの煩悩のこと）

※2 浄清とは人に悪影響をおよぼしているマイナスのエネルギーをゼロのエネルギーに変換すること

■宇宙と一体化する！ 驚きの体験

かむさかえ先生のチャネリングとは、魂レベルの生き方を実践するのに必要な宇宙の高次元エネルギーを得るために、魂と宇宙の高次元エネルギーを直接結ぶチャンネルを開設することである。しかしそれには準備が必要で、魂の動きを邪魔しているマイナスのエネルギーを宇宙の高次元エネルギーで取り除き、人間の肉体の気の流れを整える必要がある。

「川に流木や葉っぱが溜まると、水の流れがさえぎられてしまいますね。それと同じで人は気の流れが滞ると病気になったりします。このマイナスをとって浄清することで魂と宇宙の高次元のエネルギーの線を結ぶことができるようになります。悪想念はキレイに浄清されるので、別の人にくっついたり地球を汚すこともありません」

取材者は、この宇宙の高次元のエネルギーを体感させていただくことができた。合掌して立っていると少しずつ手が上に上がり、やがて身体がぐるぐると回転し始めたのである。指先は何かに強く引っ張られているようで、自分が宇宙と地球を繋ぐ糸になったような感じだ。そして自分が宇宙と一体化していくような感覚なのである。しかも驚くことに数十回、回転したというのに全く目が回っていない。身体が軽く、視界がクリアになっても気分がよい。ほんの少しの体感でこんなに変化があるのだから、しっかり悪想念を浄清して宇宙のエネルギーと天（かみ）結びされたら、どんなにすばらしいだろう！

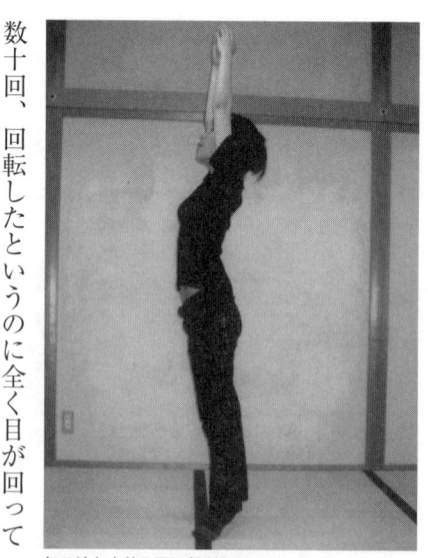

気の流れを整え天に繋がっていく

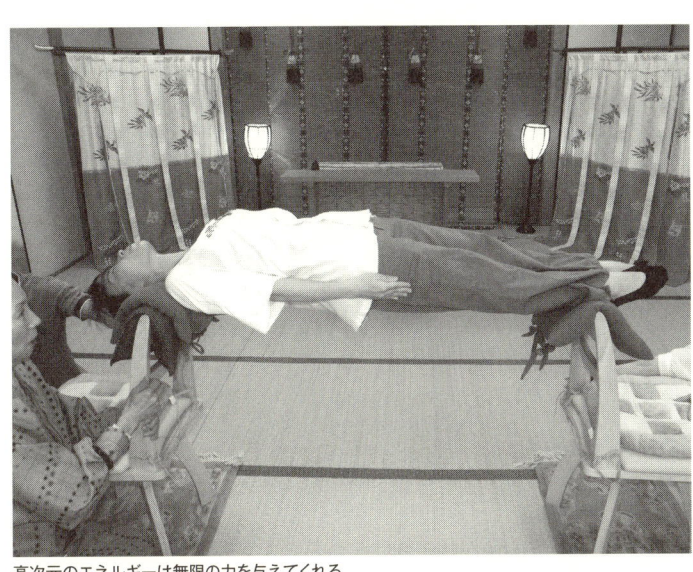

ヒーラー

高次元のエネルギーは無限の力を与えてくれる

■チャネリングによって魂の"約束事"を知る

かむさかえ先生は人としてのあり方も説く。「誰かのためにがんばってあげようという気持ちが大切です。"自分さえよければいい"では物事がうまくいかなくなるのはあたり前です。仕事もそうですね。会社のために、どのように自分が働けば会社のプラスになるかを考える。そして経営者は、働いてくれる人がいるお陰で会社が成り立っているのだと、相互に良い思いを出しあうことが大切です。働いてくれる人を使い捨てのように考えていてはうまくいくはずがありません」

チャネリングをすると魂の動きを邪魔し、病気や人間関係の悩みなど人生の障害となっていたマイナスのエネルギーがとれて人生

61

の流れが自分本来の人生の流れへと大きく転換し始める。そして魂の約束事である、自分の存在の意味と真の人生の目的を知ることになるという。「私はみなさま方と天（かみ）との仲人役であり、橋渡し、パイプ役です。私の存在はチャンネルにあたり、地上にいる私の身体内の魂を通じて天（かみ）とみなさま方との魂を結ぶためにあります。望まれれば、いつでも天とのパイプ役になって、チャネリング＝天（かみ）結びの機会を与えましょう」

かむさかえ先生とのご縁で天（かみ）結びをした人たちは魂の約束事に気づき、毎日をいきいきと暮らしている。

脳梗塞の後遺症もなく、仕事も順調に　Ｈさん　女性

念願かなって銀座にお店を出してしばらく経った頃、突然脳梗塞で倒れて入院、せっかく始めたお店も人に任せ、ひたすら治療に専念するしかありませんでした。何とか退院してかむさかえ先生のところへお伺いしたときは右手が不自由で箸も持てない状態だったのですが、チャネリングをしていただいた後、帰りがけにみなさんとフランス料理をいただくことになりました。"どなたかに肉や魚を切り分けてもらわないと食べられないわ"と思っていたのに、おそるおそる挑戦してみるとナイフとフォークで普通

ヒーラー

に食事ができたのです！びっくりするやらうれしいやら、かむさかえ先生が病的なところを処理してくださり、送ってくださる宇宙の高次元エネルギーの凄さ、すばらしさを身をもって体験しました。

回復も早く、倒れてからまだ1年も経っていないのに見た目はもう普通の生活を取り戻しています。また、医者から「よくても80％しか治らないから包丁なんかは持ってはダメだよ」と言われていたのが、包丁も自由に使いこなして毎日料理をしています。お陰さまで皆が辛いというリハビリの苦しみを体験すること

なく普通の生活ができるようになったことに、心から喜びを感じています。銀座のお店も順調で、よいお客様にも恵まれ毎日が楽しく充実しています。

高槻に出かけてかむさかえ先生にお目にかかるのが、とても楽しみでうれしくてしかたありません。これからもよろしくお願いいたします。

うつ病の苦しみから解放されたーさん 女性

私がうつ病になったのは息子が2歳のときでした。怖くて一歩も外へ出られない。そんなとき、かむさかえ先生の

「ミニ講習会があったのですが「イヤだ」「怖い」という私を母は引きずるようにして会場へと連れて行ったのです。

しかし、先生のお話はとてもすなおに聞くことができました。その夜、気分が悪くなりトイレに駆け込むと塊のようなものが3回出ました。今にして思えばミニ講習会でかむさかえ先生が送ってくださった宇宙の高次元のエネルギーのお陰で悪い物が出たのではないかと思います。

それからしばらくして毎週、かむさかえ先生の元に通いました。ときには母に「チャネリングをしているのに、なぜよくならないの？」

と辛くあたることもありました。そんな日が続いたあと「集い」のとき「愛」のお話があり、私は家族に愛されていたんだ、と気がつきました。そして母に対して"辛くあたってしまってごめんなさい"と心の底から思うことができたのです。

自分の想いがよい方向へ変わったからでしょうか、病気がよくなる転換点ともいえるできごとが起こりました。病院の主治医が変わり、違う薬を処方されたのです。薬が変わってから、あのミニ講習会の後のときのように毎日もどしていましたが、かむさかえ先生は「今の症状は大丈夫。

過去のマイナスを出しているから、それはいいことよ」とおっしゃってくださいました。かむさかえ先生が宇宙の高次元エネルギーで悪い物を処理してくださり、流れていき、みるみる病気の症状が好転していきました。

現在では普通の人と全く変わらない生活を送れるようになりました。一番うれしかったのは子供を乗せて外を自転車で走ったときでした。他の人から見ればあたり前のことかもしれません。でも、そのあたり前のことができたことが本当に幸せだと感じたのです。今は息子も5歳になり、家族と過ごせる今の生活がす

ごく幸せです。私の心の一番の支え、何かあると一番会いたくなるのも、いつもかむさかえ先生です。

子宮摘出の危機を逃れた N さん 女性

市の一般検診で重い貧血が見つかり、出血性の疑いがあるとのことでいろいろと検査を受け子宮内膜症が見つかりました。私の場合、子宮自体が少しずつ膨らんで内腔容積が増え出血量が増しての貧血とわかりました。ホルモン治療を受けていましたが病院の先生は「再発しやすい病気だから手術で子宮を摘出したほ

ヒーラー

「うがよい」とのこと。私はかむさかえ先生に悪想念の浄清をお願いしました。1回目はザワザワとした感じしかありませんでしたが、2～3回目から下腹部に意識を集中しているとブクブクと小さなアブクができてはプシュッとつぶれていく感覚があり、先生が送り込んでくださる宇宙の高次元のエネルギーで悪想念が浮き上がり浄清していただいている実感がありました。病院の先生は「急激に縮んできていますね。手術をしなくて大丈夫ですよ」と驚いていました。

私はともすればネガティブな思考になりやすく、それがマイナスの想いとなって身体に溜まり、エネルギーのパイプが詰まってくる、とは自覚していましたが実際に身体を病んでみて改めて想念の重みを知らされました。これを機に、何事も前向きにプラス発想に本気で切り替えていくつもりです。かむさかえ先生、本当にありがとうございました。

癒しの天空サロンから始まる奇跡
具現化開運セラピストが
あなたの運命を変える

Haniel session room

ハニエル先生

得意とする相談内容：親子関係、恋愛、結婚、心身の健康、現世・過去世のトラウマの解消、将来の方向性など

施術手法：オーラとチャクラなどの調整、天使セラピー（対面）、ヒーリング、サイキックカウンセリング ※必要に応じてエネルギー回路の調整&アチューメント&オーラ&チャクラの調整&背景存在ヒーリング

施術方法：対面、遠隔、電話

時　間：（セッション&セラピー）月～土曜　10：00～、13：00～、（鑑定・透視リーディング鑑定）月～土曜　10：00～15：00（16：00終了）、（電話鑑定・透視リーディング鑑定）月～土曜　10：00～20：00（21：00終了）　要予約　日曜祝休（他不定休）

料　金：メンテナンス&セッション　25000円／90分、メンテナンス&天使のセラピー　30000円／120分、透視リーディング鑑定（対面）15000円／30分、遠隔透視リーディング鑑定（電話）5000円／20分（以降250円／1分）、絆（きずな）　30000円／120分、オーラ&チャクラの調整ヒーリング　10000円／40分【オプション】カードリーディングセッション　3000円／20分、天岩戸をひらく　45000円／120～150分、月極サポート会員　1ヶ月20000円（要相談）

住　所：〒111-0053　東京都台東区浅草橋5-3-2　秋葉原スクエアビル801号室

ホームページ：http://haniel.tv　※セッションのご予約フォームよりお申し込みください
http://ameblo.jp/haniel3/

ヒーラー

東京都台東区浅草橋。賑わいを見せる清洲橋通りのすぐ近くにあるHaniel session room。天使や妖精が棲んでいそうな天空サロンは、鑑定などを受けながら自然に浄化やヒーリングができるようにと事前、事後に室内の浄化とエネルギー調整が行われている。そのためか、とても心地よいエネルギーが流れている。

優しい笑顔で迎えてくれるのが「具現化開運セラピスト」のハニエル先生。ハニエルは神の栄光、神の優雅さを意味する大天使。慈しみ深く優しい波動を持つ大天使と同じ名前を持つ先生もまた、温かく包み込んでくれるようなエネルギーの持ち主。
"やっと出会えた"と安堵のため息を漏らしたくなるような人、それがハニエル先生なのだ。

ゆったりとくつろげるセッションルーム

■ 問題解決のために、より具体的な方法や時期などをアドバイス

高いサイキック能力の家系に生まれた先生は胎児の頃の記憶があり、2歳くらいから日常的に透視、予知夢などの超感覚体験が始まり、透視や予知夢などにより何度も命を救われる体験をしてきた。（地下鉄日比谷線の衝突事故・秋葉原の通り魔殺人事件も回避）小学生の頃から自然に周囲の人たちのリーディングができるようになり、2005年に光の啓示を体験。以後、さまざまな背景存在やオーラ、チャクラの状態を知覚できるようになり、セラピスト、サイキックカウンセラーとして活動するようになる。

「お客様のオーラを通して自然とたくさんの

情報が私に伝わってきます。そして、その方の状況やお気持ちなどが具体的な〝ヴィジョン〟や〝霊聴〟となって視えたり聴こえたりしてきます。お客様の心のケアを第一に、優しく、ときには強く、問題解決のために、より具体的な方法や時期などを導いてまいります。鑑定中は高い波動でヒーリングやエネルギー調整、開運・運命転化のご祈願を同時に行っています」と先生は語る。

セッション内容はとても充実しており、オーラ、チャクラ診断、調整、透視リーディングの後、カラーイラスト付き鑑定書が作成される（一部セッションを除く）。

鑑定書には、その人のオーラの状態やどう行動すればよい方向へ進むことができるか、将来どんな分野で活躍できるか、効果的な気

分転換法などが、とてもわかりやすく記されている。これならアドバイスを忘れてしまうこともないし、読み返すことで励みにもなる。

「ただ結果だけを伝えるというのは、レントゲン写真を見せながら〝骨折していますよ〟〝肺の調子が悪いです〟と伝えるだけに等しいと思います。それでは診断を受けた人は戸惑ってしまいますよね。どうやって治療していけばいいかをアドバイスしたり、実際に治療を行っていかなければなりません。具現化する、というのはこれと

相談者の状態やアドバイスが書かれている大好評の鑑定書

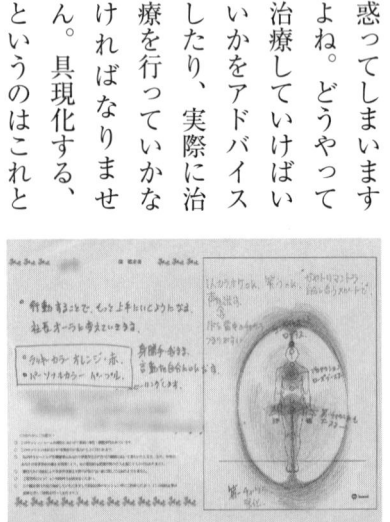

ヒーラー

「同じことです」そのため恋愛相談で訪れた人に〝体のこの部分にこんな症状が見えるから早く病院へ行ったほうがいい〟というアドバイスをすることも。その人は病気を早期発見できたお陰でスムーズに治療が進み大事に至らなかったという。

また、現世に大きな影響を及ぼしている辛い過去世を昇華させることで本来の自分自身を取り戻したという人もいる。

サイキックカウンセリングやセラピーは絶望的だった人生を１８０度変えてくれることもある。しかし、そこにはさまざまなテーマが隠されているものだ。「カウンセリングやセラピーを受けたから、もう大丈夫！」というわけではありません。行動するのはその人自身です。将来花開くよう、自分自身の足で歩んでいけるようにするのが私の役割だと考えています。エネルギーの調整が必要ない人には、はっきり〝必要ありません〟とお伝えしています。支えることはしますが、依存させてはいけません。ある意味子育てに似ているといってもいいですね」とハニエル先生。

相手の尊厳を大切にするので相談者が年配者でも若くても態度を変えることはない。

「ときどき〝お母さんみたいだね〟といわれることがありますよ」と笑う。

スピリチュアルを語るとき、カルマやソウルメイトという言葉を耳にすることがある。

カルマは自分で成した行為は自分に戻ってくるという意味を持つもので、善を行えば善が、悪を行えば悪が戻ってくるというものだ。〝カルマを解消しなければならない苦難に遭遇すると〟

らない"と言われることがあるので怖いものという印象を持たれることがほとんどである。
そしてソウルメイト。これは魂の伴侶とも呼ばれているが、ロマンチックなイメージで受け止められることが多い。ハニエル先生はカルマもソウルメイトも"宿題"なのだと語る。
「もし過去につまずきがあるなら、それは宿題であり克服するチャンスを与えられているということです。背景存在は丸ごと宿題を引き受けてはくれません。ただ問題を解くヒントは与えてくれます。スピリチュアル＝何でも簡単に叶えてくれる魔法ではない、ということは覚えておいたほうがいいですね。ゼロには何をかけてもゼロでしかありません。私はあくまでベクトルを出すコンサルタント的な立場なのです」

■エネルギー＝念のポジティブな使い方
「念、というと怖いイメージがありますが、これも人間が持つエネルギーの一種です。恋人のDV（ドメスティックバイオレンス）に悩んでいた人がセッションを受けると同時に"私はこの人と絶対に別れられる！"と強く思うことで無事縁を切ることができます。お金の問題で悩んでいる人は、お金に対してネガティブな意識を持っていることが多いので、お金に対して"行く先々で、よいことをするお金になってください"と気持ちを込めるようにします。お金はすなおにエネルギーを運ぶものですから、よいイメージを持ち続けることでお金が集まってくるようになります。それから、不妊で悩んでいらっしゃる方は、ただ授かりたいと思うのではなく"私を親にならせて

ヒーラー

ください"と背景存在の方々に願い、しっかり子育てします、と誓いを立てることです」

念はエネルギー。よい使い方をすることで悩みが解決したり、目標が達成する。

■どんなに辛くても自殺はいけない

警察庁のまとめによると2009年の自殺者数は3万2753人。1998年以来12年連続で年間3万人を超えている。不況や病気、うつなどの心の病気。原因はさまざまだが、どんなことがあっても自殺はいけないと先生は断言する。

「自殺は人を巻き込むんです。本人は自分ひとりだけと思っているでしょうが残された家族がどんなに悲しむか、苦しむかを考えなければなりません。そして自殺した人の魂は生きている人に憑依して、自殺へと導くのです」

先生が鑑定した人のなかに、ご主人が子供を道連れに自殺する様子が透視で視えたため、子供を連れて実家へ避難するようにとアドバイスしたことがあった。相談者は驚いていたが、子供に何かあってはいけないとアドバイス通りに実家へ。悲しいことに先生の透視通り、ご主人は自殺。不幸ではあったが子供を道連れにされなかっただけでも救いだったという。

憑依されると自殺者と同じような精神状態に陥り、自殺してしまったり憑依された瞬間に自殺を図るなど、まさに巻き込まれる状態になる。そうならないためにも意識やエネルギーを強く明るく持ち続ける必要があるという。気分のアップダウンが激しい、意味もなく気分が落ち込むという人は先生のメンテナンス、セッションAを受けてエネルギーフィー

ルドの調整を行うことをお薦めしたい。

■映画『バスーラ』を予知、透視リーディングで大きくサポート

具現化開運セラピストである先生は必要である場合、かなり細かいところまでアドバイスを行うことができる。また、運命に導かれるようにさまざまな人と出会い、奇跡ともいえるドラマが生まれている。そのひとつが映画監督である四ノ宮浩氏との出会いであった。

数年前、友人に誘われてあるた歌手のチャリティイベントへ出かけたハニエル先生。野外コンサート会場に着いた先生は入場口に並んでいるとき、ある男性の姿に視線が釘付けになった。彼の背景にいくつかの情報とともにさまざまな情景が鮮明に見えてくる。それはアジア圏の貧しい国。そして命に関わるトラブルに関する透視であった。命に関わる内容

だったため見過ごすこともできず、思わず先生は名前も知らない男性に声をかけた。「どうして命を狙われているんですか?」

その場ですぐに情報との検証とともに具体的なアドバイスをしたことがきっかけとなって、監督自身のことや映画製作に関して予知や透視リーディング鑑定を行うことになった。

そして、さまざまな人たちの思いがけない協力も得て完成したのが映画『バスーラ』バスーラとはタガログ語でゴミという意味で、フィリピン・マニラ近郊の巨大ゴミ捨て場スモーキーマウンテンを舞台にゴミ拾いをして暮らす人々の過酷な現実に迫るドキュメンタリーである。地道ながらも各地で自主上映会が決定、支援活動が行われるなどスクリーン上ばかりでなく三次元的活動も広がりをみせ

ヒーラー

てきている。その様子についてハニエル先生はこう語った。

「『バスーラ』は企画段階よりも前からさまざまなことを予知・透視させていただき、背景存在方のお導きの通りにすべてが実現しました。背景存在方のお導きよりいただいたメッセージはこの映画を入り口に、奥には大きな大義である〝フィリピンで暮らす貧しい人々に予防接種や医療活動、衛生活動などを普及させていく〟という意図がありました。奥に大義があったからこそ、介入許可をいただけて（普段の透視や予知の範囲を超えて）事細かな情報やサポート、お導きができたのだと思います」

■サイキックでなくても愛のエネルギーは与えられる

「人が持つエネルギーすべてに愛があります。家庭でも職場でも友達同士でも、そして見知らぬ人にも。優しさや思いやりを持って接することでよい連鎖が生まれます。私の好きな映画に『ペイ・フォワード』があるのですが、ペイ・フォワードとは自分が受けた思いやりや善意を、その相手に返すのではなく別の3人の相手に渡すという意味があります。その3人が同じように別の相手に渡して…最初は小さな思いやりが、地球全体へ広がっていくと思うと、とても幸せな気持ちになりませんか？　私が求めているのは、そんな世界なんです。私は背景存在からの愛のエネルギーをみなさんにお渡ししますが、サイキックでなくても愛のエネルギーを与えることができます。

みなさんが光満ちてお幸せになりますように」

相談者を見守る天使

大天使たちのエネルギーに満ちた
パワフルなセッションで
訪れる人を希望の光で満たします

Laguz（ラグズ）妖精の森

天埜リエル先生
（あまの）

得意とする相談内容： 自己実現、人間関係、事業発展、仕事、恋愛
施術手法： チャネリング、ヒーリング（エンジェル・クリスタル他）
施術方法： 対面、遠隔、電話
時　　間： 11:00～19:30　※木曜日・土曜日は21:00～24:00までの夜間電話リーディングあり（要予約）水曜不定休
料　　金： 遠隔伝授エネルギーリンクセッション　15000円／1件30分～、願いをかなえるミラクルセッション　25000円／90分（対面）、10500円～（1～2願望30分～・延長1分ごと350円）（電話）、★電話リーディング・チャネリング／3000円～（10分～）、★CRYSTAL・FORM・VIBRATIONAL HEALING（変容のための結晶体であるクリスタル・フォームを受け取る）20000円／90分（ハーフコース10000円）、★インナーチャイルド&パストライフセッション　20000円／90分（14000円／60分・内容変更可）※自宅セッション可、★ライフリーディングチャネリング　20000円／90分（7000円／30分、14000円／60分）※自宅セッション可、クリスタルヒーリング　20000円／90分（ハーフコース10000円）、★遠隔ヒーリング　9000円／30分、★想念・カルマ・信じ込みのクレンジング　88000円／1回60分、全6回コース（ハーフコース3回は半額）、★再誕生"リバース・セレモニー（儀式）"セッション・セッション9000円／45分、6000円／30分　他各種スクール有
住　　所： 神奈川県横浜市（最寄り駅は上大岡です。ご予約の方のみ詳細をご連絡します）
電　　話： 045－844－2508（FAX兼用）
ホームページ： http://amano-riel.com/　http://laguz777.blog67.fc2.com/
メールアドレス： rielworld@yahoo.co.jp

ヒーラー

横浜市上大岡駅からバスに乗って10分あまり。閑静な住宅街に天埜リエル先生のセッションルームがある。淡い黄色の壁、どこか南スペインのアパルトマンを思わせる建物が印象的だ。そこの一室に招かれると不思議な光のシャワーを浴びたような感覚を覚えた。数々のパワーストーン、壁には大天使たちの絵。初めて訪れたはずなのに「お帰りなさい」と両手を差し伸べられたかのような心地よさ。

天埜リエル先生は、中性的でとても明るいエネルギーに満ちた人である。「天使系のセッションというと、みなさん修道女のような雰囲気のカウンセラーをイメージされると思いますが、私はどなたにも自然体で接するので最初は驚かれるかもしれません」と笑う。"スピリチュアル界の異端児"という説もあるが、この明るさと太陽のようなエネルギーが訪れる人をあっという間に光で満たしてしまうのだろう。

安らぎのあるセッションルーム

■宇宙に導かれてスピリチュアルカウンセラーに

1991年、突然宇宙とのチャネルが開き、スピリチュアル分野での活動を始めた天埜リエル先生。やがて呼び寄せられるようにインドへと渡り、瞑想、サイキックヒーリング、クリスタルヒーリング、ダンスセラピー、レイキマスターなどのテクニックを習得。しかしそれらは序章でしかなかった。2002年2月に4大天使からのシンボルを受け取り、エンジェル・ヒーリングを開始。そして2007年8月、国際的に著名な大天使ミカ

エルのメッセンジャーであるアメリカのロナ・ハーマン女史より「天使界の出身であり、主に大天使ザドキエルの紫の第7光線を放ち、大天使ミカエルの守護を得ている」と伝えられ2009年7月にはアメリカインディアンのスウェットロッジ儀式においてメディスンマンより〝クリスタル・ファイヤー〟というインディアンネームを授かった。今ではセッションを通し喜びのアースエンジェル（クライアント）を世に送り出している。

「ヒーリングとひと口にいっても、人それぞれで方法は違ってきます。大天使のエネルギーのサポートが必要な人、チャクラやオーラのクリーニングが必要な人、インナーチャイルドの癒しで本質的なエネルギーを取り戻す人もいらっしゃるでしょう。私はその方に合った、

納得がいく方法でのヒーリングを行っています。大天使たちアセンテッドマスターたちのサポートを得てのセッションになりますので、私の主観は全く入らない状態です。それぞれのエネルギーと繋がることによって、すべての経験は消化吸収されることでその人自身のすばらしい〝人間味〟へと変わります」

先生が行う遠隔伝授セッションはエネルギーフィールドに高次元のエネルギーを注ぎ込んでリンクさせ、古いエネルギーを一掃。そして（受ける側の）ハイアーセルフを呼び、次元間を超えて高次元の存在に会いにゆくというものだ。そこで受け取ったメッセージや必要とする癒しは、睡眠中に働きかけられ、約1〜2週間で変化が起こり始める。主な大天使やアセンテッドマスターには次

ヒーラー

のような存在とパワーがある。大天使ミカエル・人生の指針を得る・自分を信頼する、保護。大天使ザドキエル・人生を喜びで満たす、楽天的な人生観、愛からの選択、心の安らぎ。セイントジャーメイン・豊かさと知恵・浄化と恐怖感の解放、自由の実現、予言能力。マーリン・インナーチャイルドの魔法の目覚め・奇跡を起こす力、地上に楽園を創る。シヴァ神・状況の一新、障害を除く。白衣観音・ご縁結び、先祖供養、病気平癒。ほか、多くの伝授の種類があるという。

■ **自分の魂が望む人生を楽しく歩もう**

「今年すでに地球上の人たちの第3チャクラとアストラル体の浄化が始まっています」

や新しい流れの〝愛の次元〟に向けて急速に変容を要求されています。それらはすべての人たちの意識体にしっかりと刻印されています」と先生は語る。一人一人がより光に溢れ、高次元へと意識をシフトしていくことで自らの人生ばかりでなく、地球環境までも高次元・愛の次元へと導かれるのだという。しかし、その刻印に気がついていない人が多く、なかなか悩みや苦しみから抜け出せずにいる。そんな人たちを光の元へ導くために先生は数々のセッションを行っているのだ。

「日本の社会では〝いい学校を卒業して一流企業に就職、結婚して家庭を持つのが幸せ〟という図式ができあがっていますね。でも、それがすべての人にあてはまるわけではありません。会社勤めではなく自分の得意とする

長い間、人類が信じ込んでいたさまざまな古い信念体系や恐れなどが壊され、新しい時代

分野で活躍することもできるでしょうし、結婚しなければ絶対に幸せになれないとは限りません。自分自身の特質をよく知る・・・そう、自分をよく知ることが自己実現への重要なポイントなのです。そして、人生の成就への段階と法則を知っていくことで、自身で人生を創造していくポイントへとたどり着けるのです。街を歩いていても、今の日本は、再び家庭運営のすばらしさや大切さに気づく時を迎えていると、感じています。

専業主婦ってすばらしいですよ。ご主人やお子様の健康管理をして、家をしっかり守っている。家族が健康で笑顔でいられる、それをしっかりサポートしている輝ける存在です。それを概念のひとつとして、男性・女性のかかわり方や愛に対する概念も進化し、と

ても尊重し合える風潮が構築されるといいですね」こう語る先生は、クライアントの特質を最大限に引き出すセッションを大切にしている。

願いを叶えるミラクルセッションでは大天使たち、アセンテッドマスターたちのサポートを得て創造主へ願望、夢、希望を直接届け実現へと加速させていく。これはディパック・チョプラ医学博士（アメリカ在住のインド人であるスピリチュアル・リーダー）の原理に基づいたもので、必要な情報が得られたり、スムーズにものごとができるようになったり、あまり興味を感じられなかったことを率先して行うことができるようになる。その結果、仕事の成功や資格取得、恋愛、若返り、ダイエットなど夢に描いていたことが

ヒーラー

次から次に導きや気づきを得て実現していく。ここで大切なのは大天使やアセンテッドマスター・グレートスピリッツたちの存在のサポートを、純粋な子供のような気持ちで信じ切ること、そして自分自身の可能性を信じ切ることである。そうすれば既存の"幸せの標本"に捕らわれることなく、自分の魂が望んでいた人生を歩むことができるようになる。

また、不況が叫ばれ続ける世の中、セッションを受けた事業主の人たちの会社は順調に発展している。「そんな不思議なことがあるものか」という人もいるだろうが、発展できた理由はとてもシンプルなものだと先生は笑う。「宇宙の法則にのっとれば、とても簡単なことなのです。事業主さんが本当に幸せになれば、働く人たちやそのご家族も幸せになりますよね」

大天使ザドキエルの紫の第7光線を放ち、大天使ミカエルの守護を得ている天楚リエル先生。一度出会ったなら"人生は苦行ではなく喜びに満ちているものだ"ということに気がつくに違いない。先生は輝く笑顔で、すべての人に語りかける。

「ソウルメイトとの出会い、自分が本当に必要としていること、望んでいること、物質的なことでも、肉体的なことでも、建設的な願いをぜひ実現させてください。人は豊かに、楽しく生活することが本来あるべき姿なのです」

沖縄ダンスセラピーにて

そこは美と癒しの空間
門外不出の古珀術(こはくじゅつ)で人々を希望の道へと導く

桜千道（さくらせんどう）

岡本(おかもと)マサヨシ先生

得意とする相談内容：バーストラウマ・インナーチャイルドの解消、心の悩み、痛みの解消、チャネリング（霊視）、深い部分からの気づきと癒し、精神的な落ち着き・安らぎ、心のつかえの解消、魂の課題の認識、浄霊

施術手法：古珀術ヒーリング、古珀術リーディング

施術方法：対面、遠隔

時　間：9：00～21：00（受付21：00まで）　要予約　日曜休

料　金：古珀術ヒーリング：セッション回数20回（最短で週1回程度のペース）1回の施術時間30分　割引一括価格300000円（初回全額一括でお支払い）／分割6回価格350000円（初回50000円　2回目以降60000×5回をお支払い）／分割12回価格400000円（初回35000円　最終35000円　2回目以降33000円×10回をお支払い）※遠隔ヒーリング、過去生ヒーリングも同様（基本解消20回を終了していることが条件）、体験価格30000円／3回、痛みの解消ヒーリング：肩こり・頭痛・神経痛など、体の痛い箇所を解消します10000円／1回（遠隔可能）、古珀術リーディング：施術によって異なるため詳細はご連絡下さい　※チャネリング（霊視）、浄霊についても同様、桜千道オリジナルパワーストーンブレス15000円～　※全てのセッションについて美容室施術中に同時に行うことができます（セッションだけのご利用も可能）

住　所：〒343‐0025 埼玉県越谷市大沢576‐8 司ビル102

電　話：048‐976‐1174

ホームページ：http://www.sakurasendou.com
　　　　　　　http://www.sakura-sendo.com（公式サイト）
　　　　　　　http://sakurasendou.mobi（携帯サイト）
　　　　　　　http://profile.ameba.jp/sakurasen/（ブログ）

メールアドレス：info@sakurasendou.com

ヒーラー

北越谷駅から徒歩3分、のどかな街並みの一角にある髪処桜千道。扉を開けると、突如姿を現す琥珀色の空間。まるで古き時代の異人館のようだ。オーナーはヒーラー＆ヘアデザイナーの岡本マサヨシ先生。ここは完全個室型美容室でオーガニックアロマの香りに包まれながら美と心の癒しを提供するヒーリング美容室。ヘアカットやパーマ、カラーリングなどを受けながらのヒーリング、リーディングはもちろん、いずれか一方だけを受けることもできる。

数多くの美容室経営に携わり、美容室ポータルサイト運営、イベントプロデュース、飲食店経営と幅広く活躍していた先生は、ある日古珀術と運命的な出会いをする。本質に気づき、迷うことなく全てを手放して厳しい修行に入り古珀術の極意を修得すると2008年5月に美容師＆ヒーラーの融合を実現、「髪処桜千道」をオープンした。

■門外不出であった古珀術で調和の人生へ

古珀術は、かつては特別な家系の中で直系長子にのみ受け継がれる門外不出の秘法であったという。縄文の自然哲学を礎に神道・古神道・仏教・陰陽道・道教などさまざまな思想の影響を受けて発展、心理学・哲学・物理学・医学・経済学・経営学など現代の知恵と統合して人々を癒し、世に平安をもたらす秘術として用いられるようになった。書物に著するのはご法度、選ばれし者だけが修得することができ、それが古珀術なのである。

岡本先生は「人は生きていくうちに心の

"すす"（ネガティブなエネルギー）や"ガラクタ"（不要な観念、信念）が溜まってきます。これらを取り除くことによって流れを妨げるものがなくなり、自然にポジティブな変化が起きてきます。良い変化が起こるにつれ、本来"願いは叶うもの""人生は思い通りになる"という感覚が湧いてくるでしょう。すると人生は格闘したり克服する対象ではなく、流れにのって調和していくものへと変化していきます。リラックスして幸せに過ごすことでエネルギーを消耗することが少なくなり、持てるエネルギーをより効果的・効率的に利用できるので、ますます"願いが叶う"体験が増えていきます。痛みの解消ヒーリングは地球上ならどこにいても受けることができるという。取材者は首のコリが気になっていたのだが、先生は取材に応えながらあっという間にコリを取り去ってしまった。マントラを唱えるわけでもなく、瞑想状態に入ることもない。まるで魔法のようだと驚くばかりだった。

また、人は誰でもバーストラウマやインナーチャイルドを抱えているのだという。

「赤ちゃんは産道を通るとき、苦しみと恐怖を感じます。それでも一生懸命産道を通り抜け、ようやくお母さんと対面できると思ったら、看護師さんに連れて行かれ沐浴。ようやくお母さんのところへ戻ったと安心したら今度は保育器に入れられる…決して安心できる状態ではありませんよね。そのときの不安、寂しい、怖いという気持ちが"生きることは大変なことなんだ"と潜在意識に

ヒーラー

「刻まれていきます」そして成長していく過程で傷つけられたり劣等感を感じたりすると、インナーチャイルドが形成されて、その人にさまざまな影響を及ぼす。たとえばいつも叱られてばかりで育った子供は、自分に自信が持てないことで、"どうせ自分なんて…"と消極的になってしまう。場合によっては自分が持つ才能を発揮できないまま人生を過ごしてしまうことになってしまうのだ。「バーストラウマやインナーチャイルドがあると、曇りガラスの中から外を眺めているような状態です。これでは何も見えませんよね。これも心の"すす"の一種です。古珀術ヒーリングでこれらを取り除くことで曇りガラスが取り払われ、心の視界がクリアになっていきます」

エネルギーワークは7分間、目を閉じてエネルギーを受け取るだけ。用意するものはただひとつ「変わりたい」という気持ちだけ。これを1週間に1度位のペースで20回行うことで、本来の自分自身を取り戻すことができる。また、シンクロニシティ（意味ある偶然）が起こりやすくなる、物事を客観的に見ることができるようになる、五感が研ぎ澄まされる、などの変化も。「生きているからにはイライラすることは当然です。悲しいこと、体の不調が起こるのは当然です。しかし古珀術ヒーリングを受けると物事を冷静に受け止め、どう対処していけばよいか考えられるようになります」。よく"心が風邪をひいた状態"にたとえられ

古珀術を実践し多くの人を救っていく先生

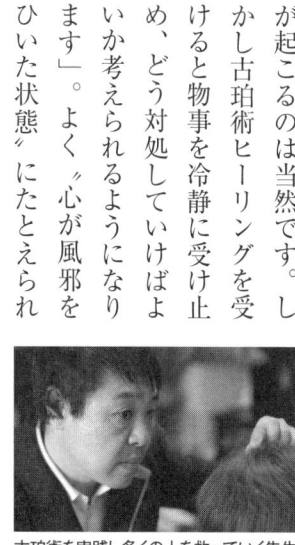

るうつ病はかなり早い段階で回復するという。

■ 手放すことで希望の道が開ける

　"こうなりたい"と願えば叶う、といわれているが、なぜか思い通りにいかない。「私にはやっぱり無理なのだ」と落胆してしまうことはないだろうか。「運に見放されているに違いない」と諦めてはいないだろうか。この原因は自分自身にあると先生は言う。「思い描いている事は実現したいけど、それには勇気が必要とか、お金が必要とか、タイミングが必要と考えてしまいがちです。それは決めていないということなんですね。大切なのは自分に起きてほしくない事柄をなくし、希望の道を歩むには"決めて手放す"こと。"今の仕事を辞めたい。でも次が決まっていないので辞められない。なぜなら次が見つからなかったら生活できなくなってしまうから"と悩む人がいらっしゃいます。実は辞めたいはずの仕事に執着しているんです。こんな状態ではいつまでたっても顕在化は進みません。悩むということは決めていない、ということです。悩まない、は決めているということ。"決めて手放す"ことで希望の道に大きく近づくことができます」

■ 運命に導かれるように古珀術ヒーリングと出会う人々

　ある相談者が古珀術ヒーリングを受けることになった。一度に全額支払うのは無理なので分割で進めたい、とのこと。しかしある日臨時ボーナスがあり、それがセッションを受けるために充分な金額だったという。

ヒーラー

また、ある男性が体験ヒーリングを受けたところ、性格が穏やかになり妻に対して声を荒げることがなくなった。たった3回なのに大きな変化である。妻は優しくなった夫に「もしかしたら女性でもいるのではないか？」と心配。男性が「実は古珀術ヒーリングを受けていた。こんなに変われるなら20回セッションを受けようかどうか考えていたところだ」と話をしたところ、妻からまだ誕生日プレゼントをしていなかったので（20回分のセッションを）プレゼントしたいという答えが返ってきたという。他にもセッションを受けている人がどんどん良い方向へ変化していくので周囲の人が驚き〝私もぜひ受けたい〟と口コミで広がり続けている。毎日のようにドラマのようなできごとが起こり、この瞬間も誰かが

希望への大きな一歩を踏み出しているのだ。

「人間は、この地球上で最高生物ともいえる存在です。この古珀術はたしかに人を幸せへと導きますが、それは誰もが手を繋ぎあい、思いやりの心が持てるようになるためです。執着やエゴのない社会になれば人間はもちろん地球全体が平和になります。ここ数年アセンションという言葉を耳にする機会が増えてきましたが、地球が良い方向へ変化するためにも、人々が本当の意味で幸せである必要があります。古珀術を実践していくのは私の使命だと考えています」と先生は断言する。

頼もしい先生の言葉に地球の明るい未来が垣間見られたような気がした。幸福になるのはむずかしいと考えているなら、一度桜千道を訪ねてほしい。意識が180度変わるはずだ。

最新の脳科学を応用した奇跡を起こすボディートーク
100人中97人が、わずか1回の施術で劇的な効果を実感!

Aura Cranyu　オーラ　クラーニュ

横山真理子先生
（よこやま まりこ）

得意とする相談内容：健康面全般、こころの病、うつ、情緒不安定、
人間関係全般の悩み
施術手法：ボディートーク、アロマヒーリング、リコネクション、
リコネクティブ・ヒーリング、インナーチャイルドセラピー、
DNAリーディング、レイキヒーリング、フェイスヒーリング
施術方法：対面、遠隔も可
時　　間：11：00〜20：00　＊不定休　＊完全予約制　＊男性も可
料　　金：ボディートーク 10500円／60分（土浦店のみ）・15750
円／90分・アロマヒーリング（レインドロップなど）
10500円〜／60分〜・リコネクション54333円（2回セット）・リコネクティブ・ヒーリング12600円／60分・DNAリーディング15750円／60分・レイキヒーリング10500円／
60分・フェイスヒーリング15750円／90分
住　　所：南青山店／東京都南青山5丁目
土浦店／茨城県土浦市港町1−7−6　ポートワンビル5F
＊どちらでも先生の施術が受けられます。
電　　話：0120−20−1107
メールアドレス：isis1107@gj8.so-net.ne.jp「無料相談実施中。お気軽
にお問い合わせを」
ホームページ：http://www.my1107.com/

ヒーラー

東京南青山と茨城県土浦市にあるヒーリングサロン「Aura Cranyu オーラクラーニュ」一見ごく普通のヒーリングサロンのようだが、実はまったく違う。サロンには、全国各地から連日悩みを持った多くの方々が通い、体験したことがない癒しと身体の劇的な変化を体感している。なぜならここでは「ボディートーク」という最新の脳科学を応用した即効性のあるエネルギー療法を行うからである。

「最初はみなさん100％疑ってこられます。でも帰られるときには劇的な効果に感動されます」と語るのはオーナー兼セラピストの横山真理子先生。ボディートークはまだ日本ではあまり知られていないが、オーストラリア人のカイロプラクター、ジョン・ベルトハイム博士によって創設され、欧米では正式なエネルギー医療として認められているほど効果は実証済み。世界の要人も「ボディートーク」を受ける等、創始からわずか14年ほどで全世界30カ国に驚異的なスピードで拡大し続けている脅威の技術なのだそうだ。

■驚くほど安全。なのに抜群の効果。
97％の人が1回の施術で効果を実感！

もともと、トラウマや長年抱えていた恐怖症の改善、その人が本来持つ魅力や才能を最大限引き出すセラピーで非常に定評がある横山先生。西洋および東洋医学的経験もあり、スピリチュアルな観点からこころと身体と魂をトータルにケアするセッションを長年にわたり実践し、5000人以上の方をケアする

なかで、ついにたどり着いたのが「ボディートーク」だ。

これまでの施術方法は、症状に対してだけの対処療法なので、またすぐに戻ってしまったり、心理カウンセリングなどでは、カウンセラーがいかに的確にクライアントを理解し働きかけるかが鍵になり、力量や相性が問われる。しかし〝ボディートーク〟は身体に現れた無意識からのサインに即座に対処し、クライアントは自ら悩みを打ちあける必要もない。ただベッドに横たわりリラックスしていれば、あらゆる問題が解決するのだ。驚くほど安全で、効果は抜群。そしてなんと97％の人がわずか1回の施術で劇的な効果を実感するという。「長年この業界に従事していた私にとっても、〝ボディートーク〟との出会いは衝撃でした」と横山先生は語る。

■なぜそんなことが可能なのか？ ヒミツは〝自己治癒力〟にあった！

身体には、本来誰しも生まれながらにして自らを治癒していく「自己治癒力」が備わっている。そして、この自己治癒力を指揮している存在があり、それがインネイトウィズダム「天性の知恵」だ。自分のことはすべてなんでも知っていて、私たちが生きていくことを最もサポートしてくれている影の大黒柱だ。ここにアクセスして今の身体、こころの状態をどのように改善しバランスをとるのかを聞き出し、さらにそこが修復するよう脳に認識させる。そうすることであらゆる病気や不調が改善されていくという。体内では毎秒

ヒーラー

2000億ものあらゆるプロセスが行われており、これら全てのプロセスには情報を伝達し身体を治癒していくために、協調して働くコミュニティーシステムが含まれている。そのプロセスを指揮しているいわゆる〝司令塔〟がインネイトウィズダム「天性の知恵」だ。ところが、ストレス（肉体的、感情的、精神的、環境的ストレスのいずれにしても）がこれらのコミュニケーション網を妨げ分断してしまい、身体は本来の自己治癒過程を達成できなくなっているのだ。これが、多くの人の身体と心に現れる問題の本質なのだ。

■どこに行ってもダメで、長年ずっと抱えていたアトピー性皮膚炎が改善！

「こんな短期間で長年ずっと抱えていたアトピー性皮膚炎が本当に改善されるなんて、半信半疑でした」と語るのは横山先生のクライアントのE・Nさん。

しかし、彼女のインネイトウィズダム「天性の知恵」は、アトピー性皮膚炎が改善されない本当の原因を的確に指示してくる。本人さえも忘れていた3歳のころのトラウマを指摘された時は、「驚きで声も出せなかった」という。アトピー

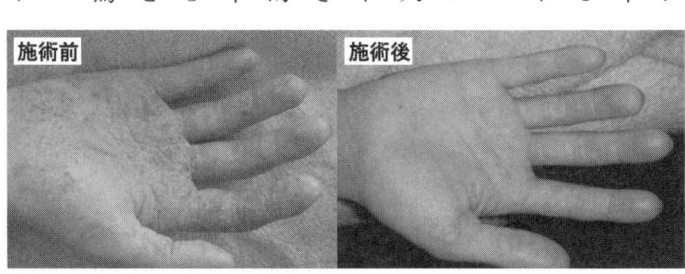

| 施術前 | 施術後 |

ボディートークによるアトピーの改善事例

性皮膚炎の場合、食べ物にアレルギーを持っていることがほとんどだが、「そのアレルギー源になる食べ物にも身体が対応できるようになった！」とのこと。もちろん何かサプリメントなど飲まされることもない。まさに、長年問題を抱え、どこに行ってもダメだった人にとっては、駆け込み寺のような場所なのだ。

■こころと現実、両方ともハッピーに。

「こころのモヤモヤ、悩みを取ってしまう、すごいセッションがあるよ！ これを受けるとね、今まで辛くてできなかったことや悩んでいたことが、あれっ？ なんでつらかったんだろう？ って思うくらい簡単になくなっちゃうんだよ」

「何だかわからないけど、信頼している友人がそう絶賛して勧めるので、一度受けてみたのが〝ボディートーク〟を知るきっかけでした。私は朝スッキリと起きられず、人間関係の悩みからうつ状態になっていたのですが、その原因がすぐわかり、その原因を根っこから取り除いてもらうことができたのです。私には衝撃的でした」と語るのはクライアントのA・Kさん。

インネイトウィズダム「天性の知恵」には、肉体のことはもちろん心身の不調や精神面の状態など、すべてが情報として記憶されているので、身体ばかりでなくこころの問題や、対人関係などの解決方法も知ることができるのだそうだ。苦手な場面を前にすると陥る感情状態の解消や、身体の奥深く蓄積された感情からくる不調の修正も可能だというから驚きだ。

ヒーラー

■どこへ行っても改善されなかった方もあきらめないで！

「ボディートーク」は、本当にあらゆる症状に効果的だが、「生まれながらの難病の方」「どこへ行ってもダメだった方」には特に効果的だ。たとえばがんでさえもである。がんは、免疫力が極端に低下することで引き起こされる症状の一つである。しかし、がん患者に対して現代医療が行うことは、さらに負担をかける化学療法や投薬だ。これは個々のクライアントではなく、がんそのものにだけ注目する考え方に立っているからである。"ボディートーク"では、その人のあり方全体を観察し、ある症状を発症するに至ったそもそもの原因を取り除くことで自己免疫力を回復

させ、症状を取り除くという形で変化を促すのだという。「私たちの身体の免疫システムというのは、本当に驚くようなパワーを持っています」とのこと。どこへ行っても改善がみられなかったという人は一度試してみる価値は充分にある。

「はじめての方には、無料相談をお受けしております。お互いに納得したうえで施術を受けていただきます。無料相談を受けたからといって、有料施術にお申し込みする義務はありませんのでどうぞご安心ください」と横山先生は微笑む。

不安な方も、まずは無料相談で一度相談されてはいかがだろうか。ただし、相談が殺到しているそうなのでお早めに。

「ボディ・マインド・スピリット」三位一体を重視し
的確に相談者を導いていく

atelier sola （アトリエ ソラ）

杉本みのり先生
（すぎもと）

得意とする相談内容：その人本来の輝きを見つけるためのサポート
施術手法：シータヒーリング、SEエッセンス（スピーディークリアヒーリング・インスタントヒーリング・ベース）、タッチフォーヘルス、リコネクション
施術方法：対面、スカイプ、遠隔
時　　間：（対面・遠隔セッション）9：00～16：00
　　　　　　（遠隔のみ）22：30～
料　　金：シータヒーリング（対面・スカイプ）10000円／60分～
　　　　　　SEエッセンス（対面・スカイプ）18000円／60分
住　　所：自宅マンション他（最寄り駅は飯田橋、後楽園）内容によりセラピースペースパレットさん利用（最寄り駅は神楽坂）
ホームページ：http://www.atelier-sola.jp/（ヒーリング一般）
　　　　　　http://www.atelier-sola.com/（リコネクションルーム）
　　　　　　http://ameblo.jp/smiling-bigblue/
メールアドレス：info@atelier-sola.jp

ヒーラー

「エネルギー療法は、英国をはじめ海外では医療現場で取り入れるほど一般的なことなのです。またWHOはスローガンに健康に必要な要素として〝霊的〟という言葉を加えました。残念ながら日本ではまだまだですが、少しずつ検討の動きもあるのですよ」と語るみのり先生。〈超党派国会議員連盟・人間サイエンスの会に参加〉スピリチュアルには全く縁がなかった先生は、ヒーリングと出会って視えないものの力を知ったという。その経験から、日常生活にヒーリングをもっと気軽に取り入れられるようになってほしいとの願いがある。

■愛や調和へ向かう芽を育てるヒーリング

先生のヒーリングの中の一つに、インスタントヒーリングから発展したエネルギーワーク・SEエッセンスがある。相談者の悩みの元となる〝思い癖〟に直接エネルギーを送り、一つずつその場で解決していくのだ。

そしてこのセッションの特長は、心のネガティブな部分を何もかもさらけ出す必要はないというところにある。それは必要以上に自分のネガティブな癖へのこだわりを残さないためなのだそうだ。だから先生は相談者の〝愛や調和へ向かっていく芽〟を育てることにこそ、可能な限り重点をおくのだという。

また、セッションの最中に相談者の言葉の中から問題の核となっている部分が現れることで、その人に必要な方向性も自然にみえてくるという。注意深くその様子をみているので、たとえばセッション中にインナーチャイルドへの癒しも必要だと判断した場合には、

別の手法を併用することもある。また、希望者へはタッチフォーヘルスも用いて心・霊性だけではなく身体からのアプローチも行っていて、体験者からの喜びの声と変化の報告がメールやブログに多数届いている。その時々に適した方法によって、相談者は多くの気づきに触れることになる。

■三位一体のヒーリング

相談者の中には愛やゆるしを受け取りにくい状態の人もいるという。本来みんなが調和の方向へ向かうことができるのだが、それを阻害する〝（無意識下の）思い癖〟を誰もが潜在意識の中に抱えているからだそうだ。先生は、「思い込みには働きかけを、そして今まで知らなかった感覚や感情があれば新しく知っていただけばよいのです。相談者の方には〝私は大丈夫なんだ〟という静かで強い確信を持って暮らせるようになっていただきたい。自分の意志で調和の方向にスイッチを入れれば、みなさんがその方向に進めるのです」という。

また、体の問題だからといって体だけに働きかけてもうまくいかない場合も多いと先生はいい、「ボディ・マインド・スピリット」三位一体の関係を重視している。たとえば、体の問題だと思っていたことが実は両親との問題だったり、仕事のストレスだと思っていたことが結婚に対する思いによるものだったりと、相談者の状態を的確に捉える必要があるという。

■ヒーリング人口の裾野を広める

先生はSEエッセンスの他にも、レイキ、

ヒーラー

シータヒーリング、リコネクションなど、さまざまな方法でその時に最適なものをセッションで提供しているほか、セミナーを開いてヒーリングを学びたい人へのサポートも行っている。「まずセッションでご自分の変化を感じ、次に自分も誰かのために行いたいと思って下さるようで、とてもうれしいです」と先生。

「ヒーリングを通して、暮らしの中で人の温かさにより多く気づいてほしい」との思いが強い先生は、「ヒーリングは決して特別なことではなく、実は誰にでもできるのだということを伝えたいと願い、セミナーを開催しています」と語る。そのためグループはもちろん、希望があれば一人からでもセミナーを開催している。こうした丁寧にみることによ

り、時には受講生に必要なことも臨機応変に対応する、オーダーメイドのセミナーになることもある。

エネルギーワークを伝えることの一環で先生は、とてもシンプルな瞑想と自己ヒーリングの集いも開いている。「"自己信頼から導かれる安心の暮らしってこんな感じ"という感覚を感じ取ってほしい」のだそうだ。

また、カウンセリング型ヒーリング以外にも、２００９年度には公認資格を得た経歴を持つリコネクション®（リコネクティブヒーリング®）も好評だ。（現在は公認ではない）

先生のセッションで調和にスイッチを入れ、さらに暮らしの中で自然にヒーリングを活かせるようになれれば、充実した人生を送ることができるのではないだろうか。

霊界とは「明るく親しみやすいもの!」
霊界のイメージアップを図り
スピリチュアルエステで女性の美をよみがえらせる

癒しの光　イヤシノヒカリ

HANAE 先生
（はなえ）

得意とする相談内容：人間関係の改善
施術手法：スピリチュアルヒーリング、カウンセリング
施術方法：遠隔のみ
時　　間：9:00～21:00　完全予約制　不定休
料　　金：スピリチュアルヒーリング：自然治癒力アップコース各4000円（アトピー、腰痛、肩こり、冷え性、不安感、不眠）、運気上昇コース各4000円（仕事、お金、人間関係、勉強の能力アップ、運動の能力アップ）、スピリチュアルエステ各4000円(スピリチュアルエステのメニューはホームページをご覧ください)、タロットカウンセリング4000円／30分　＊初回無料体験あり
住　　所：北海道
電　　話：090-5984-6478
ホームページ：http://www.geocities.jp/iyashinohikari_happy/
　　　　　　＊先生の守護霊のプロフィールも掲載している

ヒーラー

自分自身の悩みの解決に霊能者めぐりをした経験を持つHANAE先生。どの霊能者でも解決せず、お金だけが消えていった苦い経験をしている。そのうちに心霊体験をするようになり、守護霊からの言葉を受け取るようになると、自力で悩みの解決ができるようになったという。初回無料は、そんな先生ならではの料金設定だ。

■悪い霊の憑依に悩まされた時期

先生は、霊感の強い家族の中で育ちながら、霊の話が嫌いな子供だったため〝思い込みの強い家族〟くらいにしか思えずに20代半ばまでを過ごしていたが、ある日突然自身も霊を見るという体験をする。

その3年後、先生はスピリチュアルに目覚め、霊能者を頼り始める。その後、霊が見えたり話しかけられたりすることが多くなってい

く。あまりに霊体験が多くなったため、高名な霊能者にお祓いを受けたり、ヒーリングをしてもらっていくが、運気が上がるどころか、不幸なできごとが続くようになったという。

■守護霊との出会い

あまりに霊現象がひどく、また霊能者に頼んでも改善しないので先生はとうとう神様に窮状を訴えたそうだ。

ホームページより抜粋

「私に霊能力があったら私みたいに困っている人を助けてあげるのに…。神様〜、私に霊能力下さい〜。もう誰も助けてくれないなら私に霊能力くれたら自力で解決してやる！お〜い神様聞いているか〜い？」と自分の部屋の天井に向かって叫んでみた。

しかし、返事は返ってこない…。やっぱり神様なんているわけないか…と落ち込んでいたらその後、何日もしないうちにヒーリングと自動書記（本人

の意思とは関係なく、降りてきた言葉を無意識に書く)ができるようになる。――

念のため、信頼できる霊能者に鑑定してもらうと、間違いなく霊能力を授かったといわれ、ヒーリングもまわりの人に試すと効果があるといわれた。そして、そのときに自動書記でメッセージを送ったのは、現在も先生を守り続けている守護霊だった。

守護霊は、昭和の時代の人で厳しくもユーモアのある言葉で先生と交流している。霊の憑依に悩む先生に、守護霊は「いろいろと怖い思いをして辛かったでしょう。霊能者を恨んでいるようだけど自分で依頼したんだから、たとえあたっていなくてもお金を払うのは当然だし、恨んでいたらまた憑依されるよ」といって、いっしょに幸せになれる方法を

考えましょうと自動書記で伝えたという。
その後、守護霊の助言のとおりに行動するようになった先生は霊現象もなくなり、収入も増えていったという。

■守護霊から教わったヒーリング方法

最初は、先生を霊現象から解放して悪霊の憑依を止めようと思って交信してきた守護霊は、先生に霊能力を使って多くの人たちを救う仕事をするようにといい、以後も先生をサポートしている。

スピリチュアルヒーリングのときには、相談者の状態に合った『真言』を唱えながらヒーリングのエネルギーを送り、心が開いた状態になってから、スピリチュアルカウンセリングで守護霊の言葉を相談者に伝える。

『真言』は仏教の既存のものだが、守護霊の指示によって独学で学んだという。他にも、

ヒーラー

神道の『祝詞(のりと)』なども学んでヒーリングに役立てている。このように、先生の授かった霊能力は、守護霊のアドバイスで日々進化しているのだ。

■スピリチュアルエステ

とかく誤解され、恐れられることの多い霊能力を、もっと明るく親しみやすいイメージにしたいという守護霊の意向でその方法を指示されたのが、「スピリチュアルエステ」主に、女性のバストアップ、ダイエット、白髪や髪量の改善をしている。

スピリチュアルエステでは、美容に効果のある真言とともにヒーリングを行う。そして、しばらく様子をみてもらう。改善がみられなかった場合は、その原因を探るためにカウンセリングをして改善へと導く。だいたいは、相談者の日常の行動や霊的な障害など、何らかの理由が妨げとなっているという。

頭髪は生え変わりに時間がかかるので3カ月〜半年は様子をみる必要はあるが、理由がわかり改善された相談者に白髪が目立たなくなって白髪染めがいらなくなった人もいる。

■霊界について知識を持ってほしい

守護霊から霊界のイメージアップを依頼されているという先生は、「守護霊は自分の家族のように守ってくれるものです。自分の運のなさを霊的なもののせいにする前に、自分の行動を省みてください。そして、守護霊といっしょに魂を向上させてください」と語る。

時に守護霊の指示に「課題のレベルが高すぎるのでできません」と従わないでいると、守護霊のお仕置きに遭うのだと笑う先生。相談者に近い存在としてどんな相談にも応えてくれる楽しくて頼りになる先生である。

Prado
足立由布子先生
（あだちゆうこ）

得意とする相談内容：幸運力アップ、人間関係、心の問題
施術手法：ヒプノセラピー、チャネリング、リーディング
施術方法：対面
時　間：10：00～20：00（最終受付時間：ヒプノセラピー18：30、チャネリング・レイキ19：00）
　　　　完全予約制　月曜定休（他不定休）
料　金：ヒプノセラピー　初回15000円／120分（2回目以降10000円／90分）、チャネリング7000円／60分、レイキ　3000円／30分、5000円／60分、NLPイメージワークセミナー（セミナー6回　各回2時間半）定員10名　100000円、新月瞑想教室（定員4名）2000円　※セミナー、瞑想教室の詳細につきましてはホームページをご覧ください
電　話：0798‐23‐0801（FAX兼用）
ホームページ：http://www.prado-therapy.com/
メールアドレス：info@prado-therapy.com

兵庫県西宮市の閑静な住宅街にある癒しの隠れ家サロン、Prado（プラード）。プラードとはスペイン語で草原。爽やかな風が吹いているような空間で、足立先生のセッションは行われる。

大学で哲学を専攻した先生は社会人になってカトリックの洗礼を受けた。懸命に働くものの「何かが違う」という違和感が消えない。その反面「自分が犠牲になって他に譲ることが美徳だ」と強く信じていたこともあり、いつも休日は疲れきった状態。そんなとき出会ったのがヒプノセラピーだった。

「ヒプノセラピー、チャネリング、レイキ、全てに共通することは〝まず自分を幸福にすること〟なのです」と先生は断言する。「夢を叶えたい、愛する家族を幸せにしたい、す

ヒーラー

『ばらしい恋人と出会いたい』など、さまざまな願いを現実にするために必要なのは誰もが持っている潜在意識である。しかしマイナスの感情や思考、行動パターンが邪魔して力が充分に発揮できないのだという。「6歳から13歳くらいの間に、顕在意識と潜在意識の間にクリティカルファクターという膜が作られていきます。そして顕在意識が理性・理論・意志をつかさどります。常識や道徳を認識するのもこの領域です。この顕在意識と潜在意識を区切る膜、クリティカルファクターを安全にゆるめる方法、それがヒプノセラピーなのです」

足立先生のヒプノセラピーは、ただ前世を知ったり退行催眠でトラウマなどに気がつくばかりではなく、潜在意識の中に抑圧されていた感情を解放して、その人が望むあり方やイメージに書き換えていくものだ。潜在意識の中のマイナス感情がプラスになることでポジティブになり、成功体験をスムーズに引き寄せられるようになる。なかには潜在意識の中に眠っていた才能や能力が開花する人も。

「ヒプノセラピーを受けることで自分を愛おしく、肯定的にとらえることができるようになります。これまで犠牲的な生き方をしてきた人は自分のための人生を歩み始めるようになります。私はみなさまのガイド役、幸せを発見するのは自分自身ですよ」

ふっと『青い鳥』の物語が頭に浮かんだ。幸せは遠い世界ではなく、一人一人の胸の中にある。それを導き出す足立先生のセッションは心の扉を開く鍵のようである。

La vie en Rose　ラヴィアンローズ
ayuko先生
（あゆこ）

得意とする相談内容：恋愛、仕事、人間関係、人生の方向性を見つける
施術手法：エンジェルカードリーディング、オーラリーディング、守護天使からのメッセージ、クリスタルヒーリング、チャクラクリアリング、エンジェルヒーリング
施術方法：対面
時　　間：応相談　完全予約制
料　　金：ローズエンジェルセラピー：リーディングコース12000円／60分、ヒーリングコース12000円／60分、スペシャルコース（リーディング&ヒーリング）15000円／90分、バラ色の人生の歩き方レッスン77000円／個人レッスン6回、1回90〜120分　＊月に1〜2回のペースで3〜4か月
住　　所：佐賀市北川副町江上
ホームページ：http://lavierose.hp.infoseek.co.jp/
　　　　　　http://blog.goo.ne.jp/lavie_enrose/
メールアドレス：roseangel@vip.saganet.ne.jp

　心理学やコーチングを学んでいたayuko先生は、エンジェルカードに出会ってから、さまざまなミラクルを体験したという。いろいろな人に出会いヒーリングの仕事をしたいという願いがどんどん現実化していった経験から、先生のエンジェルカードに寄せる信頼は厚い。

　エンジェルカードは、相談者の隠れた本質を引き出すメッセージを伝えてくれるという。タロットカードは、時に相談者にきびしいメッセージを伝えるが、エンジェルカードは、その人に必要なメッセージをわかりやすく、やさしく愛で包むように伝えるのだ。

　先生のセッションのメインコースは「ローズエンジェルセラピー」リーディングコースは、エンジェルカードや相談者のオーラを

ヒーラー

リーディングし守護天使からのメッセージを伝えるもので、ヒーリングコースはオーラの浄化、チャクラバランスを整えてヒーリングをしていく。そして、スペシャルコースで相談者の状態に必要な手法を組み合わせリーディングとヒーリングの両方を行う。

先生のもとには、自分の人生を変えたいと願う女性が多く訪れるが、セッションだけでなくマンツーマンで行う「バラ色の人生の歩き方レッスン」が人気だ。

レッスンでは、先生のカウンセリングや各種セラピーの手法を用いて、自分の本質、得意とすることをみつけていく。先生のレッスンで何をしたらいいのかわからなくてうつ状態だった人が、自分のやりたいことを見つけて毎日を生き生きと過ごし始めている。

また、写真家・書家とチームを組んで「レインボードリームズ」としてイベントを企画し、レインボーエンジェルのメッセージ、エネルギーを伝える活動も始めた。現在は九州地区でのイベントが中心だが、レインボーブックの出版などいずれは全国展開をしたいと考えている。

「自分本来の生き方が見つけられなくて悩んでいる人、まわりからいろんなことをいわれて自信をなくしている人が多いですね」

先生の願いは悩みを抱えた人々にバラ色の人生を歩んでもらうこと。ぜひ、先生のセッションやイベントを通じて自分本来の生き方を見つけて自信をもって歩んでいただきたい。

「RAINBOWANGEL」

Kayana カヤナ
行本美智子先生(いくもとみちこ)

得意とする相談内容：体の疲れに深い癒しを与える、美肌に導く
施術手法：バリ式エステ（全身ボディ・フェイシャル・ヘッドトリートメント）
施術方法：対面
時　間：10：00〜22：00（最終受付20：00）　＊女性限定　完全予約制　不定休
料　金：ディープリラクシングプログラム　16200円／180分、Kayanaシークレットビューティー　14400円／150分（ハーフ9450円／90分）、ディープタッチセラピー　11700円／120分、Kayanaスピリット　11700円／120分、リラクシングメディテーション　11700円／120分、メディテーションビューティーテラピー　11700円／120分　＊すべて初回料金
＊施術の前後で音叉ヒーリングのサービスがある
住　所：〒542‐0081　大阪市中央区南船場1丁目（詳細はご予約後に連絡いたします）
電　話：06‐4400‐3203（施術中は留守電に切り替わります）
ホームページ：http://www6.ocn.ne.jp/~kayana/　http://kayana41.blog121.fc2.com/
メールアドレス：michiko_patra@hotmail.com

■ 心と体の関係

「心と体という二つのエネルギーは、ともに影響しあって存在します。その両方を大切にし、デトックスすることで運気もアップします」と話す行本先生。

サロン「カヤナ」では、本場のバリ人より直伝されたインドネシア伝統のバリエステを提供している。バリ人の文化である〝おもてなしの心〟を実践できなければ本物ではないと言い切る先生は、バリ式エステの真髄を体現できる数少ないボディーセラピストだ。

「近ごろ理由もなくやる気が出ない、イライラして身近な人にあたってしまう。これらは精神的な問題と思いがちですが、ゆっくりと時間をかけて身体を癒すことで、いつもの優

ヒーラー

しい自分を取り戻す方もおられます」と先生はいう。

■バリ島の癒し

世界的にもバリ島はスパのレベルが高いことで有名。バリ式エステでは、体に憑いた邪気を払い、人体に宿る神様に祈りをささげるしぐさが手技の中に組み込まれ、セラピストにはテクニックだけではない心から相手を癒す精神力を求められている。

先生の施術は、厳選されたオイルや美容液を用いて、少々強めに圧を加え、ツボを刺激しながら行う。2〜3時間のコースが特に人気で、施術を受けた方々より「まるで身体に溜まった悪いものが外へ追い出されたような感覚」「友人に『その肌のツヤ何をしたの？』と聞かれた」というような感想が多く寄せられている。「とても単純なことですが、女性は朝、お化粧のりが良いというだけで一日を気分よく過ごせ幸運体質になります」と先生は話す。

施術が終わってほっと一息ついたとき、お茶とデザートをいただきながら、しばらく先生とおしゃべりが楽しめる。そのため予約は一日に2〜3組まで。

来られる方が心身とも元気になって帰っていくという不思議なエステ。"癒しと美肌"の施術をぜひ体験してみてはいかがだろう。

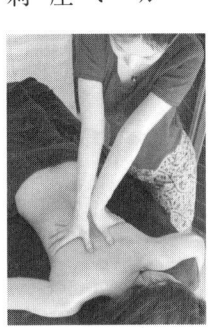

本場のバリ式エステで人々を癒す

ヒーリング&クリアリング里屋（さとや）

佐藤恵子先生

得意とする相談内容：	肉体的・精神的ヒーリング、魂の本来の目的に向かう、抑圧の解除
施術手法：	リコネクティブヒーリング（手によるヒーリング）、リコネクション　＊他のテクニックを混ぜずに、純粋なるリコネクションの周波数を提供
施術方法：	対面、遠隔
時　　間：	10：00～18：00（応相談）要予約
料　　金：	リコネクティブヒーリング15000円／60分、リコネクション54333円（国内統一価格）／60分×2回
住　　所：	セラピースペース・バレット東京都新宿区白銀町（東京メトロ東西線　神楽坂駅1番出口（神楽坂口））、サロン・ド・ソフィア東京都文京区向丘（都営三田線　白山駅A1出口）　※詳細はご予約後にご連絡いたします
ホームページ：	http://hwm7.gyao.ne.jp/satoya/
メールアドレス：	satoya@m7.gyao.ne.jp

■「ヒーラーの手」があなたと未知なるエネルギーを繋ぐ

10代の頃、内と外の境目が消えるような至高体験を経験。座禅を通し自己を厳しくみつめてきた、仏教にも造詣の深い佐藤恵子先生。かつて透視や自動書記などの驚異的能力を持つ人物から「あなたはヒーラーの手をしている」といわれた先生は、その後リコネクションに出会ったことをきっかけに、次々と必要な情報や人に出会い、魂に導かれるようにして、ヒーラーとしての道を歩むようになった。

「リコネクティブヒーリングはテクニックを超えたヒーリングです。何のジャッジも必要としません。私たちの身体も振動する光のエネルギーからできています。ヒーリングを

ヒーラー

受けて振動数がアップすることで、身体の偏り、感情の偏りが取り除かれ、エネルギーバランスがベストな状態に整えられます」と先生は語る。また、とても温かくて活性化した先生の手は宇宙からもたらされる高い振動周波数をしっかりと受け取り、クライアントへと受け渡していく。心身のエネルギーの振動数が上がることで「人間関係が良好に」「すばらしい結婚相手に出会えた」「仕事が順調に進み始めた」「ライフワークに出会った」「健康を取り戻した」「家族にもいい影響があった」など、次々と良い変化が起こるようになる。

■膨大な光と情報が多次元宇宙から注がれるように

リコネクションはDNAを再構築し、多次元宇宙のエネルギーラインに再結合させるワークであり、リコネクティブヒーリングとは違って一生に一度だけ受ければいいものだという。それによって高次の自己(ハイアーセルフ)と繋がることになり、膨大な光と情報を受け取ることができるようになる。「わかりやすくお話すれば、インターネットに繋がっていなかったパソコンをネット接続するようなものですね。リコネクションを受けることで毎日がワクワクするような、魂が喜ぶ方向へ向かっていくことができます」セッションを受けるときはリラックスして手放しで受け取ることが大切。意図があると可能性が制限されてしまうからだ。「宇宙の知性は、あなたに最善のプロセスを起こしてくれます。新たに起こる変容を楽しんでください」

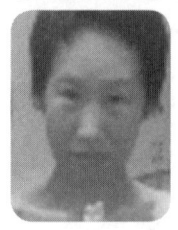

Angelian ホリスティック&ソーシャルヒーリング
進藤千恵先生
しんどう ちえ

得意とする相談内容：起業、経営、その他前向きに生きたい人の意識改革から行動を起こすまでをサポート
施術手法：ホリスティックヒーリング（カウンセリング、エネルギーワーク、アカシックレコードリーディング、チャネリング、催眠療法、誘導瞑想、スピリチュアルアロマ、クリスタルボウル、ソウルリーディングetcを組み合わせた完全オーダーメイド）
施術方法：対面（出張も可能）
時　　間：10:00～17:00
料　　金：30000円／120分（延長2000円／10分）
住　　所：〒231-0023 横浜市中区山下町276-1・2F
　　　　　　＊ヒーリング講座、ヒーラー養成講座、サロン開業実践講座を随時開講
ホームページ：http://angelian.xxxxxxxx.jp/
　　　　　　http://ameblo.jp/angelian
メールアドレス：angelianearth@gmail.com

カウンセリング、チャネリング、ヒーリングとさまざまな手法を学び、それらを組み合わせ、相談者の心と体、チャクラやオーラ、エネルギー状態などを包括的（ホリスティック）に癒していくのが、進藤千恵先生のヒーリングだ。

「相談者の方の抱える問題は、その原因のあるところが、心なのか体なのかそのほかの場所なのか、個人それぞれで全く違います。また、その時々でも変わってきますので、一つの手法ではやっていません。相談者の方に必要なセッションをオーダーメイドで行っているのが私の特長といえるのではないでしょうか」と先生はいう。

先生は、まず相談者のエネルギー状態をみることからはじめ、話を聞き、リーディングを行い相談者が抱える悩みのもとにアプローチをしていくという。

「相談者本人が答えを持っているので、私はそれ

ヒーラー

を引き出すのにお付き合いしているだけです」と微笑む。

子供の頃から感受性が高く人の心に敏感だったという先生。ヒーリングの素養はその頃からあったと思われるが、大人になって結婚、出産を経験してから次第にスピリチュアルな能力が開花した。それは、スピリチュアルな人々との出会いによって自然に自身が癒され過去世からの因縁を断ち切り、自らの能力を思い出していったことによるという。

しかしながら先生は、「ヒーリングは、相談者が自分自身でできることが多く、特別な才能はいりません。自分たちでできるようになってもらいたいのです」といい、ヒーリングの基礎知識から、実際にサロンを開業するまでを教えていて、少人数のスクールを開設している。

先生自身起業の道を歩んできたためか、最近は、会社経営者や独立開業を目指す相談者が増えたという。特に30〜40代の若手の経営者、起業希望者が多く自分の本当にやりたいことをみつけたい、ライフワークに出会いたいと、先生を訪ねて来るという。

なかには、仕事一筋にがんばってきた女性経営者が改めて自分の女性としての幸せを求めたいと、先生のもとにサポートを求めに来るケースもあるという。また、先生はソーシャルビジネスとして、若者の自立をサポートするための職業体験型フリースクール事業にも取り組んでいる。

まだ、眠っている能力や閉じこめてしまった夢があるとしたら本当にもったいないことだ。ぜひ先生のセッションで開花させていただきたい。

ヒーリングスペース　AMALAS

初宮アイラ先生
はつみや

得意とする相談内容：スピリチュアルな進化・成長・発展、人生の目的・生き方、人間関係、体調管理 その他
施術手法：セラフィム・ブループリント（最高位の天使のヒーリング＆エネルギーシステム）伝授・ヒーリング、チャクラフルセッション、フラワーヒーリング、ワークショップ（感謝法伝授・人生の目的を見つける・笑いヨガ）笑いヨガを除きいずれもミニリーディング付
施術方法：対面、電話、スカイプ、遠隔　女性専用（男性は遠隔またはご紹介で）
時　間：電話受付9：00〜21：00　要予約　不定休
料　金：セラフィムヒーリング10000円／40分、チャクラフルセッション15000円／60分、フラワーヒーリング5000円／20分（遠隔）、20000円／60分（対面・お花用意）、セラフィム・ブループリント伝授　20000円〜、ワークショップ　*各ワークショップ規定による　*要確認
住　所：東京都港区白金台（メトロ白金台駅出口1より徒歩5分）
電　話：03-6906-7576
ホームページ：http://www.amalas-love.com/　http://ameblo.jp/hatsumiya-aila/
メールアドレス：aila@amalas-love.com

　港区白金のプラチナ通り沿いにあるヒーリングスペース・アマラス。「アマラスではスピリチュアルな進化、成長、発展を遂げたいという方をサポートしています。ここから喜びの輪が広がっていくことを願っています」と、直観コンサルタントである初宮アイラ先生はいう。

　「セラフィム・ブループリント」は、セラフィム（熾天使）による計画という意味で、超古代アトランティス時代に、最も高位にある天使グループ「セラフィム」によって創造されたといわれるエネルギーシステム。何千年もの間、休止状態にあったこのシステムを、1995年ルース・レンドリー女史がセラフと出会い再発見し現代に復活させたという。セラフィムヒーリングでは「生命力エネルギー」と「聖なる調和をもたらすエネルギー」で免

110

ヒーラー

疫を上げ感情と思考を調和させることができるという。「停滞している方に、高位の天使エネルギーを流すことによって、生命力が活性化され、心の平安を取り戻し、人生を喜んで生きていかれるようにサポートします」と先生。

チャクラフルセッションでは、各チャクラのバランスをとることで、人生のバランスもとっていくという。フラワーヒーリングでは、好きな花を選んでもらい花のエネルギーとセラフィムのエネルギーを組み合わせてヒーリングをする。たとえば、純白という花言葉のあるユリの花。リセットして一から出直したい方に向いている。ひとつの恋愛が終わり新しい恋愛に向かいたい時、結婚をする前にいろんなものをクリアにしておきたいときなどに適しているという。7回コースは、

回を重ねるごとに強力になっていく。セラフィムブループリントのレベル1の伝授後、自分にも他者にも天使のエネルギーを流すことができるため、自分で自分をケアできるようになるという。

また、「笑いヨガ」は、笑いとヨガの呼吸法をとりいれたもの。港区白金でラフター（笑いヨガ）クラブも運営しており、団体等へ出向き、笑ってストレスをとっていく「笑いの出前」も行っている。あなたが変われば周りも変わる。変わるチャンスをつかむのは自分。笑いと共に喜びの輪を広げ、トータルな活動を通し人々をサポートしている。

自らを〝ワーラー（笑い癒す）〟と称する先生のモットーは「すべての動機が〝愛〟であること」

ヒーリング&カウンセリング Enju
宮﨑佐登江先生
（みやざきさとえ）

得意とする相談内容：人間関係、恋愛、健康、進路、生きがい感の再発見、目標の設定、意志力と行動力の喚起
施術手法：リコネクティブヒーリング、オラクルカード
施術方法：リコネクティブヒーリングは遠隔、オラクルカードはメール
時　　間：応相談
料　　金：リコネクティブヒーリング　12000円／1回（3回セットは33000円）、
　　　　　オラクルカード　2000円／相談1件
住　　所：〒861-8035　熊本県熊本市御領3-3-47
電　　話：090-7162-3946
ホームページ：http://hc-enju.com/
　　　　　http://satoenju.blog106.fc2.com/
メールアドレス：info@hc-enju.com

　余暇には阿蘇のパワースポットに足を運び、自らのエネルギー上昇を心がけているという、宮﨑佐登江先生。

　サロンでは本当の自分の豊かさ、宇宙の豊かさと周波数が再結合（リコネクト）し、自分に真に必要なヒーリングが行われるというリコネクティブヒーリングや、天使の言葉を伝える「オラクルカード」で相談者に深い癒しをもたらしている。

　先生はもともと体の癒しに興味を持ち、整体の仕事をしていたという。しかし経験を重ねるうちに、物理的な方法を超えた真の癒しを模索するようになり、エネルギーワークである、リコネクティブヒーリングに出会った。最初は身内や友人に試してみる日々が続いたが、そのパワフルなヒーリングの効果に実

ヒーラー

感を深めて、リコネクティブヒーリングのサロンを開業するに至る。

リコネクティブヒーリングの効果は人によって違う。施術後にプロポーズされ結婚し子供ができたとか、全くその気がなかったのに婚活を始めたとか、3年間でやり遂げようと思っていたことを半年でやり遂げてしまったなど、その効果は多岐にわたる。

施術はいたってシンプルで、30分ほどの間自宅で横になって、宇宙と再結合をするためのエネルギーを受ける。その間、受けている人の反応はさまざまで、体が温かくなったり、感情を刺激されて涙する人もいるという。

心へのアプローチの大切さを感じた先生は、相談者の悩みに応えるためにオラクルカードでのリーディングも行っている。相談者の多くは20〜30代で、人間関係や恋愛などの相談が多い。また最近は「自分は何をすればいいのかわからない」という相談も増えており、相談者にはカードの結果だけではなく、より良い人生を生きるためのスピリチュアルメッセージも伝えている。

カードリーディングを受けた相談者は、納得いかなかったできごとや、一番悩んでいたことに的確なアドバイスがもらえたと口を揃える。リーディングの精度が高いのはもちろんのこと、相手に合わせたわかりやすい説明が、相談者からの信頼になっているようだ。

先生のご主人は病院に勤務する臨床心理士で、休日には催眠やEFTを実施している。こちらも問い合わせてみてはいかがだろう。

月響庵　がっきょうあん
瑞姫希音先生
みずきかなで

得意とする相談内容：透視リーディングで魂にアクセスして、本来の自分に戻す
施術手法：ウスイレイキ（臼井レイキ）、カルナレイキ、透視リーディング、メディカルインテュイティブ、オーラ・チャクラ調整、センセーショナルカラーセラピー、観音パステルアート講座
施術方法：対面、遠隔
料　　金：ウスイレイキ・直傳靈氣・カルナレイキ（対面）12000円／90分（遠隔）3000円／1回・10000円／1ヵ月、透視リーディング（対面・遠隔）10000円／60分、メディカル・インチュイティブ　ブロック解放10000円／120分～（サウンド・ヒーリング）、エンジェルカード　リーディング3000円／1回、オーラ・チャクラ調整　10000円／1回、センセーショナルカラーセラピー6000円／60分、観音パステルアート講座10回コース3300円／1回
時　　間：9：30～17：30（日曜定休）
住　　所：〒211-0025神奈川県川崎市中原区木月1-34-12
電　　話：090-5315-8652
メールアドレス：lotushibiki@yahoo.co.jpにて問い合わせ・予約を受け付け
ホームページ：http://www.moonharmony.net

　子供の頃から、人のオーラやチャクラ、自然のなかにあるオーブ（たまゆら）、プラーナ（エネルギー粒子）が見えたという瑞姫先生。大人になり、結婚して子供が生まれ、その子たちが母親譲りの霊感の持ち主であることが判明する。感覚が敏感すぎて体の弱い子供たちのためにヒーリングの道に進むようになり、それから長いスピリチュアルの旅が始まったという。

　レイキから始まり、ヨガ、体外離脱のワーク、古神道と、多くのエネルギーワークの手法を身につけている先生。ヨガで宇宙とつながる体験をした後、カンボジア旅行に行き、その過酷な生活環境にカルチャーショックを受けた先生は、帰国後10日間寝込み、そのときにクンダリーニ（チャクラを流れるエネル

ヒーラー

ギー)が上昇して、エネルギーが頭頂部から宇宙に飛んでいく経験をしたという。そこで「オール・イン・ラブ。全てのものは愛のもとにひとつである」という境地に至る。

パワーの強い先生の特性からか、先生のもとを訪れる相談者は、なかなかむずかしい問題を抱えた人が多いという。体の悩みは、アルツハイマー、C型肝炎、人工透析手前の重い腎臓病などである。いずれも一回で奇跡的に回復、ということはなかなかむずかしいが、1年2年遠隔で施術を受けるうちに改善されていくという。また、ターミナルケアを依頼されることもあるそうだ。

心の問題では、人にだまされた、夫・妻に浮気された他、心に深い傷を負うようなひどい体験をした人が相談に来るという。そういう人たちに、先生は透視リーディングを行い問題点を見つけ出しカウンセリングを行う。その上で、相談者を苦しめている縛りや重圧などを解放し、エネルギー状態を改善するヒーリングを行うのだという。

心の問題が解決すると、それまで悪かった体の調子までも改善していくという。

「心が変われば幸せになりますよ」と先生はいう。さらに、愛と感謝と反省の日々を送って自分をクリアにすれば、周りの人々もクリアになっていくとも語る。

心や体がひどく弱り傷ついたり病んだりしている人は先生のもとに行こう。先生のセッションでエネルギー状態が改善され、自らの足で歩いていけるようになってほしい。

勝利の女神

MEGUMI 先生
めぐみ

得意とする相談内容：	願望実現、プラス思考パターンへの改善、潜在能力の開花、細胞活性化、アンチエイジング、オーラを含めた印象の改善など
施術手法：	スピリチュアルガイダンス、ヒーリング、チャネリング、ヒーリングビューティー
施術方法：	対面、電話
時　間：	11：00〜20：00　完全予約制　不定休
料　金：	スピリチュアル個人レッスン10500円／1回、21000円／3回、チャネリングセッション4200円／15分〜（電話も可）、ココロ&ボディーヒーリング6825円／ショート、12600円／レギュラー、ヒーリングビューティー（チャネリングネイル／10500円〜、チャネリングカール9450円／プチ、14700円／レギュラー、クリスタルチルドレンを持つお母さんの癒し10500／30分〜
住　所：	〒983-0852 仙台市宮城野区榴岡1-10-5F JR仙台駅東口から徒歩1分（1階と2階がコーヒー店）
電　話：	022-292-2040　（FAX）022-292-2045
ホームページ：	http://www.syouri-no-megami.com/
ブログ：	http://blog.goo.ne.jp/syouri-no-megami

　JR仙台駅から歩いて1分の場所にある癒しの空間「勝利の女神」ここは文字通り人生に勝利を与えるスピリチュアルスポットである。ヒーリングビューティーアーティストでありチャネリングネイリストでもあるMEGUMI先生は「誰もが幸せな気持ちで満たされながら、自分らしく生きるお手伝いをしたい」という願いからこのサロンをオープンさせた。

　美しさと魂の癒し、そして潜在能力を開花させ、自分らしさへの気づきを実現させることができる先生のセッションは人の外見ばかりでなく内面も輝かせるパワーに溢れている。ヒーリングビューティーのチャネリングネイルではカウンセリングを行い、ネイルにその人に必要なシンボルマーク（サポートエ

ヒーラー

ネルギー）を乗せていく。こうすることでチャクラが活性化してエネルギーが満ち目標達成や悩みが解消、自己実現がスムーズに、しかも短い期間の間に叶うのだという。

チャネリングカールはチャネリングを行いながらまつ毛が美しくフサフサしていくもので、施術を受けるとまつ毛が美しくフサフサになるだけでなく第三の目と呼ばれる眉間のチャクラが活性化。第三の目が開くと直感力が冴え、アイディアが湧いてきてスピリチュアルな世界とコンタクトがとりやすくなるという。

セッションを受けた人からは「瞳がキラキラして表情がとても明るくなりました。いつも朝起きるとぼやけていた目元がイキイキしています。"瞳力" がついたのか、人間関係もどんどん広がってきてこれからが楽しみです」という声が寄せられている。

また、男性が受けられるボディヒーリングもあり、心身ともに癒されることでエネルギーが活性化され、多くの場合一カ月くらいで思考パターンがポジティブに変化し「仕事がとても順調に進むようになった」という感謝の声も。

「その人に必要なエネルギーを与えるほか、現在ばかりでなく前世に受けたダメージ、幼少期に受けた心の傷の癒しなど、一部ではなく全体をヒーリングしていきます。自分自身を愛してあげて願いは叶うのだということ、誰もが自分の内にとても美しい宝石を持っているということを信じましょう。真の美しさと幸せな未来の両方を手に入れるのはむずかしいことではありません」

A&Hリラックス／ariosuヒーリングセンター
ariosu先生
（ありおす）

得意とする相談内容：本来の自分を取り戻したいと悩む人のサポート
施術手法：各種レイキヒーリング・チャネリング・オリジナルセッション・各種伝授
施術方法：対面、遠隔
時　間：10:30～19:00（最終受付19:00）　水・日曜定休
料　金：チャネリング&ヒーリング個人セッション（対面）18000円／120分（遠隔）15000円／60分（報告メール1回付き）、オリオンワークセッション6000円／30分　8000円／40分（40分を超えると1000円／10分）、ソウルヒーリングセッション8000円／40分（シェア・カウンセリング含む）　6000円／（30分時間があればカウンセリング含む）、各種ariosuオリジナル伝授6000円～
住　所：〒424-0886　静岡市清水区草薙
ホームページ：http://www.h7.dion.ne.jp/rirax/（A&Hリラックス）
　　　　　　　http://ariosu.her.jp/（ariosuヒーリングセンター）
メールアドレス：info@ariosu.her.jp

アロマテラピーの講師から整体師となったとき、エネルギーに敏感で相手に共感しやすいという生来の特性に悩んでいたというariosu先生。そこで出会ったのがレイキである。レイキを学び取り入れたところ施術の後に疲れることもなくなり、さらには体が丈夫になったという。

以来、さまざまな種類のレイキをマスターする。その過程で、自ら持つ能力に目覚め、高次元のエネルギーを直接授かるようになる。先生は、チャネリングや瞑想の最中に降りてくるメッセージに従い、今もなお、次々に新しいエネルギーや手法を世に出しているという。それらは、相談者の抱えるさまざまな悩みに対して適切に働くもので、ヒーリングの他にアチューメント（伝授）も行なっている。

先生のヒーリングのテーマに「女性の自立と内面の女性性の開花」がある。トラウマや古い思考のパターンなどが多い場合、本来持っている内面の女性性が発揮できず、人間関係や自分を見失いがちになるという。ヒーリングや伝授で癒やされ調和を取り戻すと、抱えた悩みが自然に解決するのだと、先生は長年の経験から断言する。

ヒーラー

Lacure ～ラキュア～
石護美樹先生
（いしもりみき）

得意とする相談内容：人間関係の改善、自然治癒力、過去世や潜在意識からの問題改善など
施術手法：オラクルカードリーディング＆カウンセリング、カフェ・カウンセリング、各種エネルギー・アチューメント、コンシェルジュヒーリング
施術方法：対面、遠隔、メール
時　間：9：00～18：00（個人セッション最終受付は15時）
料　金：カフェ・カウンセリング5000円／150分、コンシェルジュヒーリングセッション15000円／120分、サロン・カウンセリング8000円／120分、メールカウンセリング5000円など
住　所：サロン所在地　東京都杉並区（詳細はご予約時にご案内します）
カフェ・カウンセリングの場所はご相談を承ります
ホームページ：http://lacure.info
※メールフォームよりお申し込みください

　20歳で結婚、その後順調に愛娘が生まれ幸せの絶頂を迎えた1ヵ月半後に最愛の夫を白血病で喪い、大きな絶望感で過ごしていた日々。そんなとき自分を支えてくれる友人達に励まされ、各種のセミナーやワークショップで得た知識を基に経験を重ねてオリジナルコンシェルジュヒーリングを編み出した石護美樹先生。これはオラクルカードリーディング・カウンセリングの後、直接身体からの波動を読み取り、クライアントに合ったオリジナルブレンドエネルギーでヒーリングを行うものだ。「どんなにすばらしい言葉でも、腑に落とし、しっかり飲み込むことができなければ意味がありません。本当の心の声を聴いて癒すことで前に進むことができます」先生の〝生きているなら笑わなければ損〟という言葉通りセッションを受けた人たちは、みな笑顔を取り戻す。また、自分自身ばかりでなく周囲の人たちにもよい変化が。〝ミッキーさん〟と親しまれる石護先生のセッションで笑顔を取り戻そう。

119

太陽の道
威徳観音先生
（いとくかんのん）

得意とする相談内容：家族関係、人間関係、金銭問題
施術手法：アバンダンス&ラブワーク、DNAアクティベーション、アデプトプログラム（セミナー）、直伝霊気セミナー
施術方法：対面、遠隔
時　　間：9:00～23:00
料　　金：アバンダンス&ラブワーク18000円／90分～、DNAアクティベーション　10000円／60分、アデプトプログラム（セミナー）55000円／2日間（12:00～18:00）＊テキスト代込み、直伝霊気セミナー／前期2日間45000円
※本書をお読みになった方は1000円割引でセッションをいたします。
住　　所：東京都世田谷区等々力
ホームページ：http://vajra525.geo.jp/
　　　　　　　http://ameblo.jp/vajra357
メールアドレス：vajra525@yahoo.co.jp

「私自身、人生のどん底から這い上がってきたので、苦しみのなかにいる人も自分の才能に気づいて自分はそのために生きているのだと思えるようになってほしいのです」という、威徳観音先生。

引きこもり、うつ、DVなど辛い状況に悩み救いを求めた先生。すべての人は自分のように自らの才能に目覚めた経験を持つ先生。すべての人は自分のように自らの才能で生きていくことができるのだと語る。先生は今では、数百万もあったという借金を解決し都内の一軒家でヒーリングサロンを夫と二人で開業するまでになったという。

先生のヒーリングは、心の問題・金銭的な問題・恋愛問題などを抱えている人たちの悩みを解決する、アバンダンス&ラブワークやDNAアクティベーション、人生の新たなステージに進むことができるというアデプトプログラムが中心。どのヒーリングを受けたらいいのかわからない場合は「お任せセッション」もある。まずは悩みを解決して、新しい自分を発見してみてはいかがだろうか？

ヒーラー

心と身体の健康どころ「ムーヴ・ウエノ・コーポレーション」
上野裕幸先生
（うえの ゆうこう）

得意とする相談内容	心と体の問題全般
施術手法	ヒーリング、(宇宙エネルギー)気功、整体、チャクラ調整、オーラ調整
施術方法	対面、遠隔、出張も可能（応相談）　＊本人の名前と生年月日、写真があれば、代理の方の依頼も受付
時　間	10:00～19:00　電話にて要予約（FAX・メールでの予約受付は行っていない）不定休（要確認）
料　金	施術料6000円（初回は＋3000円）／40分　出張料別途
住　所	〒814-0144　福岡市城南区梅林5-21-6
電　話	092-862-2401
ホームページ	http://www.move-ueno.com/

　サラリーマン時代にはスピリチュアルなことは、疑わしいと思っていたという上野裕幸先生は、今から17年ほど前のある日、突然人を癒すエネルギーを感じるようになったという。「この力を人の役に立てたい」と思い試行錯誤しながらさまざまな研究・実践を繰り返しエネルギーが使えるようになったという。

　先生は、高次元の宇宙エネルギーを用いてヒーリング・チャクラ調整・オーラ調整を提供している。「病は気から」。病気は自分でつくっていることが多いと思います」と語る先生は、相談者を改善していくのではなく、相談者の治癒力を助け、自力で這い上がる応援をしているに過ぎないという。

　体に触れずに、相談者の不調を波動から読み取れる先生は、遠隔を得意としている。心身に悩みを抱える遠方の人も対面と同等のサポートが得られるという。

　先生のエネルギーで多くの人が心身の悩みから解放されているので、悩んでいる方にはぜひ電話していただきたい。

エンジェルブーケ

エンジェル知香先生
ともか

得意とする相談内容:	開運、天職、良縁結び、ハッピーラッキーライフヒーリング
施術手法:	さくらリーディング・ヒーリング、スピリチュアルヒプノセラピー（多次元ヒプノ・前世療法）、アチューメントリーディング、バッチフラワーエッセンス　DST認定ヒーラー
施術方法:	対面、遠隔
時　　間:	（対面）平日16:00～19:00　（遠隔）16:00～22:00　完全予約制　＊土日は確認
料　　金:	さくらリーディング・ヒーリング　15750円／60分　22050円／90、スピリチュアルリーディング・ヒーリング　15750円／60分、19950円／90分　＊延長10分ごとに2100円
住　　所:	高崎市
電　　話:	027‐386‐3809
ホームページ:	http://www002.upp.so-net.ne.jp/angeltomoka/ http://plaza.rakuten.co.jp/angeltomoka/ http://ameblo.jp/angeltomoka/
メールアドレス:	angeltomoka@hotmail.co.jp

幸せのとびらを開く。エンジェル知香先生のセッションを受けた相談者の方から恋人が見つかった、結婚できた、子供が授かった、天職が見つかった、夢が叶ったなどのうれしい報告が多数寄せられている。

幸せの縁は、桜の花の化身「愛と美と繁栄の女神」木花咲耶姫と「慈悲・慈愛」の高崎白衣観音の人と人の幸せの縁を深く結ぶエネルギーのヒーリングで起こる。

幸せのさくらヒーリング・リーディングは、女神達と相談者のガイドなどのスピリチュアルな存在からのメッセージを伝え、さらに相談者のネガティブなものや思考をヒーリングし、ポジティブに変え相談者の人生を一歩先に進めるサポートを行う。

幸せのかぎとなるさくらのエネルギーは優しい愛のエネルギーでセッションを受けただけで相談者にすばらしい変化が訪れると好評だ。

エンジェル知香先生は、神様のご縁でお逢いする方に愛溢れるメッセージで元気と勇気と優しさを伝えて笑顔と幸せと感謝の心をもてるように応援している。

ヒーラー

木下晴哉先生
きのしたせいや

得意とする相談内容：無意識や潜在意識の中にある否定的な記憶の癒しと解放、人間関係の改善、人生全般、心身の病、自己実現、本当の自分自身を取り戻す
施術手法：真気ヒーリング、カードリーディング
施術方法：対面、遠隔　※毎週水曜日にメールにて無料で恋愛相談・人生相談も行っています
時　　間：12：00〜、15：00〜の1日2回　要予約
料　　金：真気ヒーリング　（対面）15000円〜、（遠隔）10000円〜、カードリーディング　2000円〜
　　　　　※その他詳しくはホームページをご覧ください
住　　所：東京都府中市内（セッションルーム）
ホームページ：http://www17.plala.or.jp/jufu/
　　　　　＊サイト内で、先生オリジナルのお守り・パワーストーンアクセサリーなども購入できます
メールアドレス：kinosita-s@lapis.plala.or.jp

先生は5歳の頃から、自分のまわりにまとわりつくように存在するエネルギーに気づき、そのエネルギーをコントロールする方法を自然に身につけたという。13歳の頃、すべての存在との一体感「ワンネス」を体験し人間の意識に興味を持ち、さまざまな学問を学ぶ。学びの末、そのエネルギーが潜在意識の中にある抑圧された感情や否定的な記憶を癒し解放し、人間の意識の奥にある「純粋意識・真の叡智」を目覚めさせる力があることに気づき、そのエネルギーを「真気」と名づけ、人々に気づきをもたらすヒーラーへの道を歩む。

病気、人間関係、経済問題、DVなど人生に現れる不幸なできごとは、潜在意識のなかにある、過去や前世の記憶、自己否定、不安や恐れなどが原因となって起こり、その原因を癒すためには、思考による解決方法ではむずかしく、思考を超えたところにある純粋意識との協力が必要不可欠であるという。先生の真気ヒーリングで、真の癒しと本当の自分に出会ってはいかがだろうか。

J＊crystal（ジェイ　クリスタル）
クリスタル・JUNKO先生
（じゅんこ）

得意とする相談内容：相談者の悩みや願いに合ったパワーストーンのセレクト
鑑定手法：クリスタル・カウンセリング、オーラソーマ、誕生数秘学カウンセリング、ホロスコープリーディング
鑑定方法：対面
時　間：12：00～19：00（最終受付18：00）　完全予約制　不定休
料　金：ジェイクリスタルスペシャルコース　20000円／120分（カウンセリング12000円／90分＋パワーストーンブレスレット代20000円相当以上＋セラピスベイエッセンス2310円＋浄化用水晶付き）、オーラソーマ　4000円～／30分（有料延長あり）＋石代、誕生数秘学　4000円～／30分（有料延長あり）＋石代、ホロスコープリーディング　4000円～／30分（有料延長あり）＋石代
住　所：〒662-0051　兵庫県西宮市羽衣町7-26MIZUKIアルベジオ夙川205号
電　話：0798-23-5645
ホームページ：http://jcrystal.net/
　　　　　　　http://j-beauty.net/（コスメ販売サイト）
　　　　　　　http://blog.jcrystal.net/（ブログ）
メールアドレス：info@jcrystal.net（ご予約はメールにてお願い致します）

「パワーストーンは、ただ持っていても何も変わりません。持ち主の思いがパワーストーンと共鳴したときに効果があるのです」と、パワーストーンのオリジナルブレスレットを一万本以上も作ってきたクリスタル・JUNKO先生は語る。

ジェイクリスタルでは、単に「金運」「恋愛運」がアップするようにといったお決まりのブレスレットを作成するのではなく、その相談者の願いがどこから生じているのかを、オーラソーマ、ホロスコープ、誕生数秘学などで総合的に判断して石を選ぶという。

相談者の多くは「結婚できた」「お店を持つことができた」など願いが叶って報告に来るという。元タカラジェンヌの先生ならではだが、後輩たちも先生のもとでブレスレットをつくり「やりたい役がもらえた」など自分の希望を叶えている。

また、女性の美しさを外面・内面からサポートしたいという先生は、クリスタルと天然ダイヤモンドの入りのスピリチュアル・コスメのプロデュースもしている。

ヒーラー

LIGHT INK ライト・インク
坂上結一先生
さかがみゆういち

得意とする相談内容：潜在能力を引き出し、毎日を楽しくワクワクと幸運を引き寄せること
施術手法：サイキックリーディング、チャネリング、シータヒーリング
施術方法：対面、遠隔セッション、グループセミナー
時　間：応相談
料　金：チャネリング、ヒーリング　初回30000円／100分、2回目以降12000円／50分
　　　　　※シータヒーリング無料体験説明会も開催
住　所：〒150-0002　東京都渋谷区渋谷3-1-9　矢沢ビル4F
電　話：090-5003-1293
メールアドレス：thetalife1@gmail.com
ホームページ：http://www.light-ink.info/
ブログ：http://ameblo.jp/light-ring-sakagami/
＊シータライフセミナー、シータヒーリングDNAセミナーなど各種セミナーも開催

　子供のころから人が見えないものを見たり感じたりする能力を持っていたという坂上結一先生。その後、理系の大学を出て研究室に勤めるなど能力を封印していたが、知人にチャネリングをしてもらったところ、昔の感覚がよみがえり、ヒーリングを始めたという。

　シータヒーリングに出会ってからは、その安定したヒーリング手法と自らのチャネリング、ヒーリング能力を用いている。

　先生のヒーリングに対する姿勢は、理系感覚の探究心あふれるもの。常に、相談者にとってよいヒーリング方法は何かを求めている。先生のオリジナルの手法「ライトリング」もそのひとつだ。

　先生のセッションは、シータヒーリングとライトリングの手法を用いて行われる。悩みの大元を、今の感情から過去にさかのぼってクリアにして、その人のありのままの生き生きとした面を開いていく。

　「人間ってこんなにすばらしいのかと思うほど、みなさん変わります」というセッション、一度受けてみてはいかがだろうか。

HEALING SALON' ANO' ANO
SAKURA.先生
さくら

得意とする相談内容	慢性疲労、不眠、ストレス、仕事、恋愛、結婚、離婚、相性、人間関係、その他悩み全般
施術手法	ヒーリング、レイキ伝授、アロマ・トリートメント、占い
施術方法	対面、遠隔（遠隔はリピーターのみ）、出張
時　間	10:00～21:00　＊女性限定　完全予約制　不定休
料　金	ヒーリング2000円／30分　4000円／60分、レイキ伝授1st 20000円～、アロマ・ボディトリートメント10000円／120分、占い（西洋占星術、タロット、手相、ダウジング、開運方位）5000円／30分（30分以降1000円／10分）
住　所	東京都豊島区池袋（池袋駅から徒歩12分）
電　話	090-6505-9252
ホームページ	http://anoanohealing.web.fc2.com/ http://anoanohealing.blog117.fc2.com/
メールアドレス	anoanohealing@mail.goo.ne.jp

　占い師としてのキャリアが長いSAKURA.先生。身体の内面からのアプローチの必要性を感じるようになったことから、アロマセラピーとレイキを学び、現在は心身の問題をトータルに捉えながら相談者の悩みに応えている。

　先生のヒーリングは、不眠症の人ですら施術中に熟睡してしまいその日もぐっすり眠れると好評である。アロマ・ボディトリートメントも、むくみが改善されたり、首のしこりがなくなったりと、ちょっとした体調不良は解消されるとのことで、お客様の満足度は高い。

　リーズナブルな料金も魅力のひとつだ。「疲労をためこまないようこまめにサロンを利用していただきたいためにお財布に優しい価格設定にしています」と先生は語る。

　メニューを組み合わせることによって、同時にさまざまな施術を受けることができるのも、このサロンならではの特徴である。ヒーリングやアロマ・トリートメントでボディケアの後に占いで開運へと導いてもらい、心身共にリセットするコースがお勧めだ。

ヒーラー

shanti
椎名和男先生
しいなかずお

得意とする相談内容：心身のバランスを整える
施術手法：レイキヒーリング　＊レイドウレイキ2段階まで伝授可能
施術方法：対面
時　　間：水、木、日曜日（応相談）
料　　金：第1段階伝授　31500円、第2段階伝授　42000円、第1、2段階一括申し込み　63000円、
　　　　　　ヒーリング・ボディケア　5000円〜／60分（詳細はお問い合わせ下さい）
住　　所：千葉県旭市または横芝光町　＊レンタルスペースにて施術
電　　話：080・6510・8805
ホームページ：http://www.geocities.jp/rainbowman_1958/
　　　　　　http://blog.goo.ne.jp/lovelove-megami（ブログ）
メールアドレス：yhrhq403@yahoo.co.jp
　　　　　　shanti-harmony@ezweb.ne.jp（携帯）

　自分には目に見えないもののことなど理解できないと思っていたという椎名和男先生。それを一変させたのは、自身のパニック障害をレイキで解消できたことだ。

　先生は、高校時代からの長い間自律神経失調症に始まり、パニック障害などの神経症状に苦しんでいた。さまざまな治療を試みた後、10年ほど前に出会ったレイキに救われて先生はその体験を同じ悩みを持つ人に活かしたいと思いレイキを学んで現在に至る。

　レイキのヒーリングはリラックス効果が高く、深いレベルの癒しが得られるという。先生は「心のストレスにとても有効なので、バリバリと仕事をしている企業戦士の方々に特にお勧めしたいですね。ヒーリングで明日への活力を取り戻してほしいです」と語る。

　先生はまた、レイキをぜひ学んでほしいという。セルフヒーリングができることはもちろん、自分に対する自信と安心感を得ることができ、生きていくうえでのバックボーンになると自らレイキの伝授を行っている。

fishlady　フィッシュ・レディ

高原れい子先生
（たかはら　こ）

得意とする相談内容：	サトルボディのネガティブなもの、霊的なものを浄化して魂力アップ
施術手法：	オーラソーマ、クリスタルヒーリング、ヒプノセラピー、ビーマライトペン、レインドロップ、ニューロオラキュラ
施術方法：	対面、電話
時　間：	応相談
料　金：	フルセッション17000円／90分（延長料金5000円／30分）、ヒプノセラピー15000円／90分（延長料金5000円／30分）、レインドロップテクニック12000円／90分、クリスタルヒーリング15000円／90分（延長料金5000円／30分）、オーラソーマ10000円／90分（延長料金5000円／30分）ソウルプラネットヒーリング12000円90分
住　所：	横浜あざみ野駅から徒歩6分
ホームページ：	http://www.fishlady.net/
メールアドレス：	info@fishlady.net

　神戸で医療関係の仕事をしていたとき、西洋医学にも限界があると感じ、オーラソーマ、ヒプノセラピーなどを学んだという高原れい子先生。その後、ハワイでクリスタル・ヒーリングを学んでいたときに「自分で自分の人生をつくっていき、自分の世界観を持つように」との思いが込められた先生自身を指す「フィッシュレディ」という屋号を師からもらったという。

　幼いころから他の人が視えないものが視えていた、という先生は、大人になって、その能力をギフトとして受け止められるようになり、ヒーリングの能力に目覚めていった。そして、先生のところに来る相談者も、その多くはヒーリングに興味を持つ人で、セッションを受けた後に先生のもとで勉強を始めるそうだ。

　さまざまな手法を用いる先生のセッションの中では、相談者に合わせたコーディネートのフルセッションがお薦め。相談者のなかのネガティブなものをクリアにして、さらにその上をいく魂力アップを目指すと先生はいう。

ヒーラー

スペース・バハムート
竹厚かよこ先生
（たけこう）

得意とする相談内容：本来の目的の発見、悩みや不安にとらわれなくなる、目標の実現、その他トータルなケア
施術手法：リコネクティブヒーリング®、リコネクション®
施術方法：対面
時　間：10:00～16:00　要予約　火曜日定休
料　金：リコネクティブヒーリング　15000円／60分（10分事前ヒアリング、35分ヒーリング、15分ヒアリング）、リコネクション　54333円／60分（カウンセリング10分、リコネクション40分、ヒアリング10分）
住　所：レンタルサロン「salonde sophia」（最寄り駅 都営三田線白山駅）
電　話：090-9016-4408
ホームページ：http://www.space-bahamut.jp/index.html
※ご予約フォームよりお申し込みください。
メールアドレス：shiraga1192@space-bahamut.jp

バハムートとは神話に出てくる神獣で、地球を支える存在といわれている。この頼もしいネーミングのサロンを主宰する竹厚かよこ先生は手話を習い始めたことでスピリチュアルな世界に目覚め、リコネクションを受けることに。すると急速な変化が訪れ、自らもリコネクション・レベルⅢプラクティショナーとして活動するようになった。「リコネクティブヒーリングを受けると、霊的・肉体的・感情的レベルでの統合が起こり、ご自身本来のバランスを取り戻すという恩恵を受け取ることができます。そしてリコネクションは一生に一度受けるもので、本来の自分と再結合することで今世の目的に向かうエネルギーが強化され、確実に達成することができるようになります」

仕事の成功、幸せな結婚、家庭円満や健康など目標は人それぞれだが、それらを達成する力を自らが発揮できるようになるのだ。あなたも竹厚先生の力強いサポートを受けて大きな一歩を踏み出してほしい。

Ancella（アンセラ）
中原由利子先生
なかはら　ゆ　り　こ

得意とする相談内容	心と体の不調を癒す
施術手法	ヒプノセラピー、クラニオセイクラルワーク、エネルギー療法、ゲシュタルト療法
施術方法	対面
時　間	10：00〜18：00　土日祝休
料　金	ヒプノセラピー（カウンセリング込み）20000円／180分、クラニオセイクラルワーク　8000円／90分、エネルギー療法　5000円／60分、ゲシュタルト療法　5000円／60分
住　所	〒532-0003　大阪市淀川区宮原1-19-23　ステュディオ新御堂806号
電　話	090-5136-7167
ホームページ	http://www.ancella.jp/
メールアドレス	info@ancella.jp（携帯）ancella-therapy@docomo.ne.jp

　人の指や体、植物、物からエネルギーが出ているのが視えるようになり、エネルギーの世界に興味を持ったという中原由利子先生。エネルギーワークを勉強するようになって、人の体を癒す仕事を始めたという。

　人の体と心はつながっていると感じた先生は、体の不調をエネルギーワークで癒す傍ら、心への働きかけの手法として、ヒプノセラピーを学ぶ。現在はエネルギーワークで体を癒し、ヒプノセラピーで心を癒すという方法で施術をしている。

　体の不調を訴える相談者に対しては、それが漠然とした訴えでも先生が相談者のエネルギーをみることで原因となる箇所がわかり、効果的なアプローチができるという。

　また、先生のところに訪れる心の悩みを持った相談者のほとんどは、なにかに「つまずいている人」が多く、自分の親との関係で悩んでいるという。そういう場合は、インナーチャイルドを癒していくことで、徐々に変わっていく。

　「どうぞ心と体を休めに来てください」という先生の笑顔はとても温かく、人々の心を和らげてくれる。

130

Angelic Bloom
花井音葉先生
はない おとは

得意とする相談内容：今の変容の時代の波とシンクロして生きるサポート、バランスを取る（男性性・女性性）、必要な浄化・手放し、自分をより深く知り本来のオリジナルな個性を発揮、心の聖なる場所とのつながり、ペットへのヒーリング
施術手法：リコネクティブヒーリング、リコネクション、ライタリアンアチューンメント
施術方法：遠隔＆メール、スカイプでのやり取り　※リコネクションは対面のみ
時　　間：月曜日～金曜日 日本時間20：00～23：00（開始時間）　土日祝休
　　　　　＊リコネクションは月曜日～金曜日 ドイツ時間13：00～17：00　土日祝休
料　　金：リコネクティブヒーリング 1回12000円、3回セット33000円（いずれも30分）、リコネクション333ユーロ（2回にわけて行います）／各60分
住　　所：ドイツ
ホームページ：http://www.angelic-bloom.de/
※お問い合わせフォームよりメールを送信してください。
お申し込みの際には第3希望セッション日時までお知らせください。

　リコネクティブヒーリングは宇宙の光と情報、そして受け手と施術者が聖なる三位一体となって行われるヒーリング。「人生の波はいろんなものを運んできます。悩みや苦しみと感じることも。特に変化の激しい現代では予想もつかない波もやってきます。しかし、困難と思える時こそが自分が変わる最大のチャンス。心身の特定の症状の治癒にフォーカスするよりは、リコネクティブヒーリングによってリバランスさせて本来の状態へと戻すことにより、楽な自然な方向へと自分自身が変化していきます。また、今は気になる症状や悩みがなくても、このヒーリングによってあなたのアセンション・プロセスが加速して、大いなる思いもかけない恩恵を豊かに受け取ることができます。リコネクティブ周波数は宇宙の高度な知性をもったエネルギーであり、ご自身にとって必要なヒーリング・気づきがベストなタイミングで起こり、そして続いていくでしょう」と花井先生は語る。心惹かれたなら、すでに受ける準備が整っているという証しである。

Rainbow Prism(レインボー プリズム)
Hanae先生
はなえ

得意とする相談内容：人間関係、親子関係の改善、過去世の癒し、魂の資質の目覚めなど
施術手法：宇宙意識のヒーリングワーク、透視リーディング&ヒーリング、自己愛ヒプノセラピー、リコネクティブヒーリング、リコネクション 他
施術方法：対面、遠隔、電話
時　　間：10：00~22：00　不定休
料　　金：宇宙意識のヒーリングワーク20000円／60分、
　　　　　透視リーディング&ヒーリング(対面・遠隔セッション)15000円／60分~90分、
　　　　　自己愛ヒプノセラピー12000円／90分、
　　　　　リコネクティブヒーリング(対面・遠隔)12000円／(対面)60分、(遠隔)30分
住　　所：東京都江東区東陽町(東京メトロ東西線より徒歩8分)
　　　　　※ご予約の方のみ詳細をご連絡します。
ホームページ：http://rainbowprism.web.fc2.com/
　　　　　※お申し込みフォームよりメールを送信してください。
メールアドレス：rainbowprism@gmail.com

過去世での霊的な仕事を行ってきた経験と、宇宙人の魂を持つHanae先生。「宇宙意識のヒーリングワークは、私自身の宇宙人的な魂の才能を活かしたオリジナルワークです。本来の自己の目覚めを促すこととともに、悩みに対して魂側から見た課題や原因をお伝えして、影響を与えているさまざまな思い込み、傷、トラウマ、過去世の影響などを透視をしながら必要なヒーリングを行うことだけでなく、ご自身が望むあり方に対して魂側からの可能性を読み取りエネルギー的にサポートすることまで、短時間でさまざまなワークができるのも特徴です」

人間関係の変化や身体や感情的な負担が楽になるだけでなく、自分の人生に対して意識の変化を得る方も多いという。さまざまな目に見える変化が短期間のうちに現れる。

「人生は苦行ではなく気づきと変化を楽しむものです」と語るHanae先生。魂のクリーニングをして新たな一歩を踏み出そう。

ヒーラー

Healing Salon『Haumea Blessing』
三宅千恵子先生
（みやけちえこ）

得意とする相談内容：インナー・チャイルド、母と子、前世などの癒し・自己実現 他全般
施術手法：シータヒーリング、ヒプノセラピー、マナヒーリング+マナカードリーディング
施術方法：対面、スカイプ、電話、出張
時　間：10:00～19:00　完全予約制　不定休
料　金：対面 10000円／60分（以降2500円／15分）、スカイプ・電話 8000円／60分（以降2000円／15分）、出張 12000円／60分（以降2500円／15分）（別途交通費を請求させていただきます）、ヒプノセラピー 30000円／120分
住　所：東京都練馬区春日町（大江戸線 練馬春日町駅徒歩4分）
電　話：03-5987-8068（FAX兼用）
ホームページ：http://haumea-blessing.appspot.com/
　　　　　http://thetahealing.com/（シータヒーリング米国公式サイト）
　　　　　http://thetajapan.com/（シータヒーリング日本公式サイト）
メールアドレス：haumea_blessing@yahoo.co.jp
※ご希望の日時、第3希望までご明記の上、メールを送信してください。
※セミナー開催もあります。お問い合わせ下さい。

先生がメインとするシータヒーリングとは、プラクティショナー（施術者）が脳波をシータ波にして行なうもので、シータ波になると意識が『全てなる創造主』と一体化、愛と光で癒しと気づきをもたらす。潜在意識、顕在意識、遺伝子、前世すべてが癒されることで魂は自由を取り戻していく。「こうなりたい」と願っていても〝うまくいかないのではないか〟という不安があると、実現することはむずかしいですよね。そんなときはマイナスの思考パターンを取り除いて積極的に実現できる思考パターンに置き換えることで、願いを現実のものにすることができます。また、心の問題で悩んでいるならマイナスの思考パターンをプラスの思考パターンに置き換えて癒したり必要な感覚感情の呼び覚ましもします。どんな場合も〝最高最善のものになるように〟コマンドします」
魂が解放されることで心身の健康や人間関係の改善、眠っていた才能の開花など、その人に訪れるべき変化がやって来る。癒しと同時に『運命は変えられる』を実感できる、それがシータヒーリングなのだ。

ヒーリングスポット　ミラクルエンジェル
由紀子(ゆきこ)先生

得意とする相談内容：子育て（子供がほしいなども）、結婚、恋愛、グリーフケア
施術手法：エネルギーレベル（オーラやチャクラ、肉体レベル）のヒーリング、オーラリーディング、ローズリーディング
施術方法：対面、遠隔（2回目以降より可能。遠方で初回より来室できない方のみ応相談）
料　金：ヒーリング（対面・遠隔）6000円／60分・延長1000円／10分、
オーラリーディング（対面・遠隔）6000円／60分・延長1000円／10分、
ローズリーディング（対面）3000円／30分・延長1000円／10分
時　間：10：00〜／13：00〜／16：00〜／19：00〜＊1日4回の完全予約制（要確認）
住　所：JR常磐線松戸駅西口から徒歩14分、千代田線北松戸駅から徒歩15分
メールアドレス：ホームページのフォームメールにて予約受付
ホームページ：http://miracleangel.okoshi-yasu.com/
ブ ロ グ：http://miracleangel.blog.shinobi.jp/

現役の看護師でありながら、医療の届かない部分の癒しも与えてくれる由紀子先生。勤務先の病院の東洋医学の先生のもとで働いていたときに、患者の痛みを自らの痛みとして感受してしまう体質であることが判明しヒーリングの道に入ったという。

その後、精神的な試練も経て今の医療では不十分なグリーフケア（故人に関して自責の念に駆られること）が必要であり、人の癒しは体だけではないとエネルギーワークの勉強を始めた先生は、西洋医学では異常がないといわれたり、痛みが取れなかったりする人のためにサロンの開業を決意する。

先生の手法では、相談者のエネルギー状態をリーディング（話し）をしていくことで、相談者本人が原因に気づき納得することで浄化されることもあるという。

母親であり看護師の先生のもとには、自らが故人のトラウマをエネルギーワークによって克服したことから、故人や子育てなどの相談も多いという。

134

ヒーラー

Aiba先生（あいば）
アストライトエッセンス

「タロットカードを展開すると、相談者の気になることの全てが出てきます。カードが媒体となって的確なメッセージが降りてくるのです」と言い切るAiba先生。タロットからスタートし、東洋占星術も学んだ後、最終的にたどり着いたのがスピリチュアル・タロットリーディングだ。種類や使ってきた年数でカードの性格が違うため1、2時間のセッションの中で3、4種類のタロットカードを使うという。種類を変えることで相談者が自分に合ったカードとめぐり合い、気持ちが入っていくことでセッションの効果が上がるという。また、タロット本来の役割を伝えていきたいと、スクールにも力を入れている。

得意とする相談内容：適職、転職、進学、海外留学、恋愛、結婚、対人関係、家庭
鑑定手法：スピリチュアル・タロットリーディング　タロット・チャネリング、ホロスコープ・リーディング
鑑定方法：対面
時　間：10:00～19:30（応相談）　完全予約制
料　金：タロットリーディング4000円／30分、Midleセッション6500円／60分、Longセッション8000円／120分まで
住　所：〒533-0033　大阪市東淀川区東中島1-17-5　STUDIO新大阪　Alba d'oro Tarot School ＊入学随時受付
電　話：090-9254-0862
メールアドレス：astroexpress_a@ybb.ne.jp
ホームページ：http://www.geocities.jp/astlight12a

Alice先生（ありす）
Studio Benessere RAINBOW

イタリアと日本をベースにカウンセリングやヒーリング、前世療法と幅広い活動をしているAlice先生。波乱万丈な人生経験を通して養われた鋭い洞察力や人間性の深さ、視野の広さ、そして生まれ持った驚異の能力によって人生の気づきのサポートや心身の癒しを行っているAlice先生は「辛い闇に向かい合っていこう。その光は闇の部分をすべて愛や光に変えることも可能なのです」と語る。苦しみや悩みに傷ついてばかりの人生はもう終わり。"悩みや苦しみが大きいほど得られる幸せも大きい"を体感させるミスティックエンジェル、すべてなるレインボーであるAlice先生にアクセスしてみよう。

得意とする相談内容：心や家族・人間関係の悩み、ボディ・マインド・スピリットの調和、心身の癒し、魂の癒しと進化、意識の拡大、宇宙チルドレンのサポート、高次の意識（キリスト意識）への導き
施術手法：心理カウンセリング、メンタルケア、スピリチュアルカウンセリング、リコネクション、リコネクティブヒーリング、シータヒーリング、前世療法（ヒプノセラピー）、リーディング、チャネリングなど
施術方法：対面、遠隔（完全予約制）　※遠隔セッションではスカイプや電話を使ったセッション
料　金：スピリチュアルカウンセリング19800円／60分、リコネクティブヒーリング19800円／60分、遠隔ヒーリング13800円／30分、リコネクション（対面のみ）54333円、シータヒーリング14000円／60分、前世療法30000円／180分
住　所：イタリアミラノ／三重県津市／その他各地／出張可能（電話番号、住所の詳細はご予約成立後お知らせ致します）
ホームページ：http://www.benessere333.com/
メールアドレス：info@benessere333.com

衣月麗翔(いづきれいしょう)先生

仕事も恋愛もがんばって30代を迎えてみたら、日々の忙しさに追われ楽しかったはずの仕事や恋愛の人間関係に悩み、本来の自分を見失っていた。そんな人が頼る衣月麗翔先生。霊媒師の元で修行したスピリチュアルリーディングとタロットカードを併用して、本来の自分が望んだ生き方を取り戻すサポートをしてくれる。また、一人ひとりを丁寧にリーディングして作るパワーストーンのオリジナルアクセサリーも評判。身につけた日から恋愛や対人関係が望んでいた方向に改善されたという報告が多数ある。料金設定には、進路や対人関係で悩む学生にも利用してほしいという思いが込められている。

得意とする相談内容	恋愛、仕事、対人関係
施術手法	スピリチュアルリーディング、タロット占い、衣月式スピリチュアルヒーリングセッション、フェイシャル or ボディエステコース
施術方法	出張専門の対面、電話、スカイプ
時　間	11:00〜23:00
料　金	スピリチュアルリーディング4000円／60分、タロット占い4000円／60分、衣月式スピリチュアルヒーリングセッション8000円／60〜90分、フェイシャル or ボディエステコース6000円／60分程度
住　所	北海道札幌市
電　話	090-6444-6952
ホームページ	http://reisyo.com/index.html
メールアドレス	info@reisyo.com

田村崇(たむらたかし)先生
たむたむヒーリングルーム〜TAM'S WORLD〜

西洋からの逆輸入「レイキ」が主流のところ、田村先生は日本にずっと伝えられている、直傳靈氣を学んできている。直傳靈氣は、癒しの先の治癒に近い感覚を与えるという。子供のころから「気」に興味があり、気功を学んでいった先に直傳靈氣があったと先生は語る。方法は至ってシンプルで、相談者の体に手を当てて、気を送るだけで具合の悪い箇所に作用するという。

施術場所は、自宅近郊であれば喫茶店やカラオケボックスなどに出張することも可能という。そして、現在は、大阪の「癒しスタジアム」などのイベント活動参加が中心なので、まずは、会場で先生の施術を体験してみてはいかがだろうか。

得意とする相談内容	肩こり、腰痛、目の疲れなど体の不調一般
施術手法	直傳靈氣（じきでんれいき）
施術方法	対面、遠隔
時　間	対面は土日のみ、平日夜は遠隔　＊時間は応相談
料　金	対面・遠隔とも3000円／30分
住　所	山口県
ホームページ	http://hp.did.ne.jp/tam-0307/
メールアドレス	ホームページ内メールBOXにて予約受付 （至急の場合 hold-my-dream.40@ezweb.ne.jp にて受付）

ヒーラー

Hiro先生

オーラソーマ&ヒーリング
Creation ～クリエイション～

恋愛・結婚と同じくらい多くの女性が悩む離婚問題。Hiro先生は、お互いが成長したために道がわかれてしまったり、別のパートナーが現れて新たな関係性を築いたりと、さまざまな状況の中で生まれる人間関係の悩みをオーラソーマやスピリチュアルヒーリングで癒し、段階に応じて現れるインナーチャイルドなどの問題にきめ細やかに対応。最終的には相談者自身が魂の本質に気づけるようある答えを引き出し、相談者自身が癒されて相談者が次に求める学びについてもレイキアチューメントやオーラソーマセミナーで提供。自分で自分を癒し、力強く生きることを応援してくれる。

得意とする相談内容：仕事、恋愛、結婚、離婚、体の不調、人生の方向性、魂の成長
施術手法：オーラソーマ、レイキアチューメント、スピリチュアルヒーリング、数秘学 他
施術方法：対面、遠隔
時　間：9:00～22:00　要予約　不定休
料　金：オーラソーマコンサルテーション　9000円～／60分、レイキアチューメント15000円～、スピリチュアルヒーリング：(対面) 11000円～／70分、(遠隔) 9000円／60分　(その他、発展系レイキ、女神アチューメント、オプションで数秘学セッション)
住　所：東京都大田区山王1丁目（JR京浜東北線　大森駅より徒歩5分）
電　話：090-9233-6117
ホームページ：http://homepage3.nifty.com/creation/
メールアドレス：creation@sun.nifty.jp

藤本紀恵先生
（ふじもとのりえ）

スピリチュアルヒーリングサロン　スピカ

「人から見た自分ではなく、本来の自分をみつけて本当に自分のやりたかったことに出会うお手伝いをします」という藤本紀恵先生。

先生のヒーリングは、チャネリングで得た情報で相談者に必要な石を選び、溜まったエネルギーを動かして心身を調整する虹のクリスタルヒーリング、相談者自身が心にダイレクトに入れるようにエネルギーを流して誘導するインナーチャイルドヒーリングを中心に、相談者の状態に合った癒しを与える先生。今までの人間関係は自分が変わればかってくるという先生。今までの人生で溜め込んだ悩みや思い込みを、タマネギの皮をむくようにひとつひとつ解放して本来の自分に出会ってみませんか。

得意とする相談内容：人間関係、ストレス
施術手法：虹のクリスタルヒーリング、インナーチャイルドヒーリング、プレアデスの光のヒーリング
＊すべてのセッションでカードリーディングとカウンセリング付き
施術方法：対面
時　間：10:00～18:00（電話予約時間）　女性限定（男性は紹介のみ）完全予約制
料　金：虹のクリスタルヒーリング（90分）・プレアデスの光のヒーリング（60分）各15000円、インナーチャイルドヒーリング18000円／120分、セットメニュー（虹のクリスタルヒーリング＋インナーチャイルドヒーリング）28000円／180分　＊小学5年生から受け付け可（小学5・6年生は半額料金）
住　所：広島県廿日市市
電　話：080-4264-3460
ホームページ：http://www.spica-9.com/
http://spica-9.sblo.jp/

木藤美喜代 先生
Love Sunshine

「私は、TV番組の影響で"オーラって何だろう？"とスピリチュアルなことに興味を持った」という木藤美喜代先生。その後リコネクティブヒーリングに魅せられ、その効果には自信を持ったという。

リコネクティブヒーリングは、宇宙とつながることで相談者の心身のバランスが整い、真の豊かさとつながる。リコネクションでは、宇宙との一体感を確かなものにできるという。リコネクションを受けると、自分の人生の全体像が見え、自分が歩んできた道が未来にどうつながっていくのかがわかると先生はいう。今なお進化を続ける先生といっしょに、自分の人生を見直してはいかがだろう。

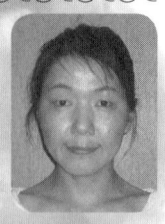

得意とする相談内容	本当の自分を見つけたい、変わりたい
施術手法	リコネクティブヒーリング、リコネクション
施術方法	対面、遠隔
時　　間	対面：(昼の部) 12:00～最終受付14:30 (夜の部) 18:00～最終受付22:00、遠隔：プレゼントヒーリング10:00～22:00、出張 (富山県内に限り) 11:00～17:00 ＊県外の出張は、応相談
料　　金	対面ヒーリング15000円／40分、遠隔ヒーリング13000円／40分、プレゼントヒーリング12000円／35分、出張型ヒーリング16000円／40分、リコネクション (R) 全国一律54333円
住　　所	富山県高岡市
電　　話	090-2099-3303
ホームページ	http://love333sunshine.web.fc2.com/
メールアドレス	rainbow7359@mail.goo.ne.jp

小島じゅん 先生
横浜セラピールーム「アトリエ7」

アロマテラピーの講師だった小島じゅん先生。色と香りの癒しの力に惹かれて、カラーセラピーも勉強し、ヒーリングの世界に関わり10年以上になるという。

「相談者の方は、自分の中に悩みの答えを持っています。自分を信じることができ、何があっても大丈夫と思える、相談者の方に寄り添います」と先生。

「何も語りたくない」とまで心身が弱っている人には、もともと自分が持つヒーリング能力と天使をつなげる「エンジェリック・ヒーリング」がお奨めだ。気軽に相談できる「カラーセラピー」も、自分を見つめ直すきっかけになると人気である。

女性にやさしい雰囲気のサロンで、悩みの答えを見つけられそうだ。

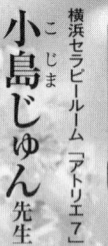

得意とする相談内容	自信回復、不安感の解消
施術手法	カラーセラピー、カウンセリング、エンジェルカード、エンジェリック・ヒーリング、ヒプノセラピー、パステル和 (NAGOMI) アート
施術方法	対面、遠隔
時　　間	10:00～17:00　＊女性限定　要予約　不定休 (要確認)
料　　金	カラーセラピー7000円／60分、エンジェリック・ヒーリング10000円／60分、ヒプノセラピー15000円／120分、パステルアートヒーリング3000円／90分 (材料費込み)　＊カラーセラピスト養成講座など随時開講
住　　所	〒231-0063　横浜市中区花咲町1-2リバーサイド桜木町403号
電　　話	080-5439-8800
ホームページ	http://atrie7.com/
メールアドレス	info@atrie7.com

ヒーラー

ドッグチビ 武中保子 先生

家族の一員であり、いつもそばに寄り添ってくれる癒しの存在でもあるかわいいペット。大阪市にある癒しショップ「ドッグチビ」ではペットの気持ちを知りたい飼い主にペットのチャネリングを行っている。"体調がよくない"、"もっと遊んで!"など、ペットの声を伝えるのは武中保子先生。

「ペットは私たちが思う以上に飼い主様のことを気遣ってくれています。ペットが何を考えているのか知りたい、コミュニケーションがうまく取れないとお悩みの方はご相談を。チャネリング後は愛おしさが増しますよ」

また、先生は亡くなったペットのメッセージも伝えてくれる。ペットの純粋な言葉は新たな癒しを与えてくれるに違いない。

得意とする相談内容：飼い主とペットの悩み、癒し、亡くなったペットからのメッセージ
施術手法：チャネリング（人とペット）、エンジェルリーディング・ヒーリング
施術方法：対面、電話
時　　間：9:00～11:00、19:15～（近日中に変更予定、お問合せ下さい）
　　　　　　※お問い合せはお電話又はお問い合せフォームよりメールを送信してください。
料　　金：4000円／30分（延長2000円／15分）
住　　所：大阪府大阪市生野区舎利寺3・2・8
電　　話：06・6716・1433
ホームページ：http://www.dog-chibi.com/
※お問い合わせフォームよりメールを送信してください。

Nardius 那須 谷口八千代 先生

雄大な那須高原の中心で、アロマテラピーとドッグランを併設したサロンを開業している谷口八千代先生。アロマトリートメントをしているうちに、施術を受けているお客様に、「光が見える」「エナジーを感じる」という体験をする人が増えた。その後リコネクションに出会い、ヒーリングを学ぶことになったという。

「ヒーリングを学ぶことにより、全ては愛から始まっていることを知ったという。宇宙からのエネルギーを八千代先生を通して受けると、今のあなたに必要な気づきを得て、奇跡の癒しが起こる。さらに、ヒーリングを通して究極の宇宙の愛を感じることができるという。ペットとともに癒される旅を企画してはいかがだろう。

得意とする相談内容：家族、親子関係、恋愛、スピリット
施術手法：リコネクション、リコネクティブ・ヒーリング、ヒプノセラピー、ロミロミ、アロマトリートメント、クラニオセイクラル（頭蓋仙骨療法）
施術方法：対面、遠隔
時　　間：7:00～　要予約
料　　金：リコネクション・ヒーリング：（対面）15000円／約65分、（遠隔）13000円／約30分、（動物のためのヒーリング）15000円／約30分、リコネクション（対面）54333円／約60分×2回、ヒプノセラピー（前世退行催眠）15750円／約2時間
住　　所：〒325-0303　栃木県那須郡那須町高久乙800-21
電　　話：0287-74-5400
ホームページ：http://www5.plala.or.jp/nardius-nasu/
メールアドレス：nardius@amber.plala.or.jp

占い師

衣・食・住を完全コーディネイト　藤岡リナ流驚異の『加速開運』で完成された幸せを実現化

藤岡リナ鑑定事務所

藤岡 リナ先生
（ふじおか）

得意とする開運の相談内容：アンチエイジング、金運、仕事、恋愛、結婚
鑑定手法：ハートティアラ　エクセレント、ハートティアラ、ハートティアラ　スイート、前世療法、風水、地相・家相、九星気学、四柱推命、西洋占星術、東洋占星術
鑑定方法：対面、電話
時　間：10：00～24：00 完全予約制　土曜休日（予定により変更）
料　金：ハートティアラ エクセレント（シルバーコース）4カ月間388000円／12回鑑定 入会金10万円（別途）、ハートティアラ エクセレント（ゴールドコース）5カ月間595000円／15回鑑定 入会金10万円（鑑定料金に込み）、ハートティアラ　エクセレント（プラチナコース）6カ月間 964000円 入会金10万円（鑑定料金に込み）18回鑑定、ハートティアラ 開運成就恋愛法 5000円／20分（延長1分毎 250円、ハートティアラ スイート70000円／20分、対面鑑定ハートティアラ（運成就恋愛法）（逗子マリーナでの海の見える鑑定ルーム）12000円／60分、20000円／2時間（延長10分間 2000円）、藤岡流遠隔リーディング（前世療法）80000円／2時間、藤岡流遠隔祈祷・除霊・浄化（地相・家相が極端に悪い場合）80000円／2時間、藤岡流　遠隔リーディング（前世療法）＋藤岡流遠隔祈祷・除霊・浄化セット130000円／4時間
住　所：〒249-0008神奈川県逗子市小坪5-23-10 逗子マリーナ本館711
電　話：090-4544-5333　090-5326-5452（鑑定専用）
ホームページ：http://www.heart-tiara.com/index.html
メールアドレス：minminboxson@yahoo.co.jp

三楽舎 魂を磨いて賢くなる講座

本書をお買いあげいただきまして、ありがとうございました。

三楽舎では、本書の出版記念に際しまして、ヒーリングトレーニング【魂を磨いて賢くなる講座!!】を開催いたします。

時代は急速な変化をとげ、心の平安を保つのがむずかしくなってきています。

そんないま、あなたは 真のあなたで生きていますか?

流されて大切なものを見失っては大変です。

ヒーリングトレーニング【魂を磨いて賢くなる講座】では 毎回、ヒーリング、占い、気功と心の専門家の先生方をお招きして、あなたの魂の声を聴く大切さ、感覚の磨き方、心の健康を作る術等を対話形式で、楽しくお話しながら学んでいきます。

ぜひ、ご参加ください。

詳しい案内書をご希望の方は、下記の項目をご記入のうえ FAX でお送りいただくか、ご郵送にてお申し込みください。

お名前	年齢　　歳 (男・女)
ご住所 〒	
TEL	FAX

無料プレゼント！

読者限定
ヒーリングメールマガジン！

メールアドレスをご登録いただいた方へ
三楽舎よりお得な情報をお届けいたします。

- 三楽舎占いイベントのお知らせ
- ヒーリングセミナー開催のお知らせ
- 新刊本のお知らせ
- ヒーリングスポット情報
- ヒーリングアイテム情報

申込みはいますぐFAXまたはWebで！！

03-5957-7784

mail

お名前

http://www.sanrakusha.jp/ へアクセス！！
メルマガ『成功読書学習クラブ』にご登録ください！

占い師

地中海のリゾート地を思わせる風景が広がる逗子マリーナ。ハーバーに停泊するクルーザーやヨット、海風に揺れるパームツリー。舗道を歩いているだけで日常の喧騒が遠ざかり、気分が開放されるようだ。その一角、南欧風の建物が美しい逗子マリーナ本館に藤岡リナ先生のサロンがある。窓からはハーバーや相模湾に浮かぶ江ノ島が一望でき、まるで別荘に招かれたよう。美しく優雅な立ち居振る舞い。どこか神秘的な雰囲気漂う藤岡先生だが、笑顔はとてもフレンドリーで訪れる人の気持ちをあっという間にリラックスさせる癒しのオーラの持ち主である。

サロンから見える美しい景色

■限りない富豪の道を究める
ハートティアラ エクセレント

藤岡先生はこれまで2000人を超える相談者の恋愛を100パーセント成就に導いてきた。これは宇宙と結びつく強力なイメージ力のテクニックによるものだが、そのパワーは恋愛ばかりでなくアンチエイジングや金運、健康、仕事など、さまざまな分野においても発揮されている。なかでも「セレブになって心身ともに豊かな生活を送ることができるようになりたい!」という人たちの願いを次々と叶えてきた「ハートティアラ エクセレント」は藤岡先生にしかできない究極のセッションだ。これは100パーセント成就を誇る「ハートティアラ 開運成就恋愛法」

先生のセッションから数々の成功者が生まれている

144

占い師

のイメージングを金運に応用したもので、イメージングの他にもアファメーション、風水や服装、吉方位、食べ物にいたるまで細かくコーディネート。

その年の、その人ならではの金運アップ法というから、まさに開運のオートクチュールといえるだろう。藤岡先生は大きなお金を引き寄せるパワーを注入、波動修正（オリジナル）を行う。「ハートティアラ　エクセレント」のプラチナコースになると開運成就法の最高峰といわれる開運成就金運法のなかでも極限まで潜在意識を高め、限りない宇宙エネルギーと完成された開運ノウハウのすべてを駆使して5000万〜1億〜限りない富豪への道を究めることができる。〝イメージだけで富豪になれる？　まるで夢物語だ〟という声が聞こえてきそうだが、先生は「恋愛に比べればお金を引き寄せるのはとても簡単」と笑う。「私の脳はお金を使うことで、またお金が入ってくることを知っています。だから友達とおいしいものをいただくグルメの予定を迷いもせず入れてしまうことがあります。すると瞬間に〝お金の心配はしなくても大丈夫〟という気持ちになるんですね」

また、50万円入りの財布を落としたり、高価な指輪をどこかに置き忘れてしまったときも先生は〝ああ、よかった〟と笑ったという。50万円落っことしてよかった。これで100万円の収入がある、指輪がなくなってよかった。もっとすばらしいものが手に入る、と瞬時にイメージ。すると後日、イメージは現実のものに。驚かれるだろうが先生に

とっては至極当たり前のことなのだという。コーディネートしていくと、その人によってスタートのレベルはさまざまだが〝失業者から一流企業で大活躍〟〝アルバイトからお店のオーナーに〟など人生がドラマティックに変化していくのだ。

先生のアシスタントだった女性が後に紹介する「開運成就一日法」で一〇〇万円の収入を得ることをイメージしたところ、高収入が得られる企業に入社が決まった。先生の元にやって来たときは派遣社員で契約が切れてしまい、失業者の状態だったという。スキルアップのために資格取得の勉強に励み、現在は大きなプロジェクトを任されるまでに。現在は月収３００万円をイメージしているという。

■がんを克服、現在では歌や英語を習うまでに

イメージングを身につけると金運アップばかりでなく恋愛や健康、人間関係などありとあらゆることに応用が可能だ。藤岡先生のお母様ががんを患い手術を受けた。「再発の可能性が大きいので、もう無理はできないでしょう」と医師に宣告されたが、取り出されたがんを目の当たりにした先生は瞬時に〝治ってよかった〟とイメージした。

杖もつけないくらい衰弱してしまったお母様に先生がヒーリングを施すと、杖を頼らずに歩けるまでになったという。お母様も「開運成就健康法」ですっかり元気になって「開運成就健康法」ですっかり元気になった状態をイメージし、旅行を楽しんでいることを具体的に頭に思い浮かべた。

占い師

「思いきって、抗がん剤治療をやめることにしました。するとキノコを用いた治療法の情報が舞い込んできたので、さっそくそれを試してみたところ、みるみる母が元気になっていきました」と先生は語る。取材にお伺いした日にお母様が在宅されていたのでお目にかかることができたが、80歳とは思えない若々しさで肌もつやつや。「イメージしたとおり旅行へ行ったり、英語や歌を習ったり。生きているうちはいろいろなことをやらせてもらおうと思っているんですよ」と語るお母様の笑顔は生きるパワーに溢れ、輝いていた。

■イメージの世界で自由に遊ぶ少女時代

先生の純粋で強いイメージ力は少女時代から培われてきた。「小さい頃、"ひみつのアッコちゃん"というアニメが流行りました。テクマクマヤコン"の呪文を唱えると、望むものすべてに変身できる魔法のコンパクトが出てくるのですが、私はさっそくこのコンパクトのおもちゃを買ってもらって、いつも呪文を唱えて自分がお姫様になった姿を思い描いていました。それからベルサイユのバラにも夢中になりましたね。マリーアントワネットや美しい貴婦人たちに憧れて、母親にドレスを縫ってもらって部屋でそれを着て自分が貴婦人になったような幸せな気分を味わっていました。勉強部屋が想像の世界ではベルサイユ宮殿。主人公のオスカルが死んでしまったときなんか、ショックのあまり学校を休んだりして。自分の目の前で起こっているような気

持ちになるんです。作者の池田理代子先生にもお手紙を書きましたね。物語や空想の世界にものすごく感情移入しやすい子供でした」

また、お金に対する考え方も他の子供たちとは違っていた。「私が住んでいた街には豪邸がたくさんありました。とても大きな屋敷で庭にはプールがあって。私は普通の家庭に育ちましたが子供心に〝この差は何だろう〟と、いつも観察していました。こっち側（豪邸の持ち主）になるにはどうしたらいいのかな？ って。そして親に郵便局に10万円預けると利息はどのくらいになるの？ お勤めすると初任給はいくら？ と尋ねることもありました。普通の会社勤めでお給料をもらって毎月貯金したとして、それだけでは成功者になれないと小学生の頃から考えていました。

自分が理想とする生活をするためには自分は何か人と違ったことで生きること、違う人生を歩まなければならないと確信したのもその頃でしたね。だからいつもスニーカーではなく革靴を履いて学校へ通っていました」

小さな子供に将来の夢は？ と尋ねると瞳を輝かせて〝正義の味方のヒーローになりたい〟〝お姫様になりたい〟と答える。なりたい自分を空想して楽しんだり、絵に描いたり。大人が荒唐無稽と片づけてしまうような夢を純粋に信じる気持ち。それを持ち続け、イメージを次々に現実にしていくパワーの持ち主、それが藤岡リナ先生なのだ。

占い師

■現実とかけ離れるほど脳は刺激を受ける

「親に"それだけ収入があるなら節約して貯蓄すればいいのに"といわれたことがありますが、小さくまとまってしまってはそれ以上豊かになることはできなくなってしまいます。これで満足、と納得してしまえば、それ以上ほしいとも増やそうと努力することもなくなってしまうからです。今以上に豊かになりたい、と思っている人はたくさんいらっしゃるでしょう。ではどうすればいいでしょう？ たとえば3万円の報酬があるとしましょう。これが5万円や8万円になったら、増えることはうれしいですが、それよりも"それなら50万円ほしい"にしてみたら、と私はアドバイスします。

現実とかけ離れるほど脳は刺激を受けます。イメージしている最中に"そんなことができるわけない""もし思うようにいかなかったら？"という感情が過ぎるとブロックがかかってしまって完璧に宇宙と繋がることができません。でも人はこれまでの経験やいろいろな情報からネガティブなイメージが浮かんでしまうのは仕方ないことです。ハートティアラ エクセレントを受けると、このブロックが完全に取り払われスムーズにイメージすることができるようになり宇宙とスムーズに繋がることができるようになります」

起業して大成功、収入が何倍にもアップする、などイメージが構築されたら、それを毎晩思い描く。時間は夜の11時から2時までの間がベストで最初は30分くらい先生と構築し

たイメージを思い描く。「これは受信回路になるための訓練です。宇宙と繋がることでイメージを現実にするエネルギーが降りてきます。毎晩イメージしているとすでに自分がセレブリッチになった幸福感に包まれるでしょう。気持ちにゆとりが出てくると受信機としてのアンテナも機能しはじめます」
脳に秘められた未知なるパワーを有効活用し、それを宇宙と結びつけることであらゆる願望を現実のものにする。もしかすると私たちは自分が持っているすばらしい能力を充分発揮できないでいるだけなのかもしれない。

■風水や食べ物についても細かくアドバイス

ハートティアラ　エクセレントはたった1回のセッションで終わることがない。きちんとイメージできているかどうかに加えて風水や食べ物についても細かいアドバイスがなされる。普通、しっかりイメージできるようになるまで約1カ月。なれてきたら30分のイメージングを1時間にのばす。さらに、風水の指導では金運をアップさせるインテリアの配置、取り入れると効果的な色彩などをアドバイス。食事も脳を活性化させるメニューについて指導を行うという。

イメージ法、呼吸法、瞑想などを用いた開運指導を行うところはあるが、食事に関する指導までしてくれるところは数少ない。藤岡先生の指導を受けるとイメージ力がアップして望むものが手に入るばかりでなく健康な心身を保つこともできる。人生そのものをトータル的

に引き上げる、それが藤岡流といえるだろう。

■現実化をスピードアップさせる「加速開運」

「イメージングを続けていくことは大切ですが、やはり時間が経つとモチベーションが低下していくことがあります。そんなときに効果的なのが開運成就一日法です。たった1日だけ〝5万円が手に入った〟とイメージするのですが、ほとんどの場合1カ月以内に実現します」。この5万円というのは予定外の収入で、宝くじが当選、報奨金が出た、などちょっとした臨時収入に恵まれるというものだ。開運成就一日法は5万円を手に入れるのが第一の目的ではなく、イメージング法の効果を実感するためのものである。これをきっ

かけにイメージング力がアップして目標を達成する人も多い。

そして、藤岡先生のセッションがたくさんの人たちに賛同されるのは100パーセント成就するという確実さに加えて短期間で実現するということにある。これを先生は「加速開運」と呼ぶ。「たとえばフリーターの人が会社に勤めたいと願っているとします。ここで気をつけなければいけないのはイメージングのときに〝どの会社に勤めればいいんだろう〟と頭の中で探してしまうことです。〝A社はどうかな、B社は無理かもしれない〟これでは脳が不快なイメージを描いてしまいますよね。それにしっかりイメージできるまでにとても時間がかかってしまいます。そうではなく、一足飛びに会社に勤めていて、満足

占い師

151

な金額のお給料をもらって〝どうやって使おうかな〟と考えている自分をイメージするようにします。理屈を考えてプロセスを考えると規制がかかってしまうので、現状は一切無視。時間短縮のために一歩先をイメージすることが大切なんです」

■占いは願望が成就してから

西洋占星術、東洋占星術、風水、家相、九星気学、四柱推命、タロットカードと豊富な占術で占い師としても活躍する藤岡先生だが、先生の口から驚くべき言葉が飛び出してきた。「占いは幸せになってから行います。悩んでいるとき、まだ願いが成就していないときは占いません。イメージングに現在の状況は必

要ありません。場合によってはイメージングの妨げになることもあります。たとえば片思いの恋をしている人がいるとします。片思いの相手がもし別の人を好きだという結果が出たらどうでしょう？〝本当に両思いになれるのかしら？〟という不安が脳を占領してしまいますよね。イメージングで現実に恋愛を成就させてから、その恋がよい方向へ進むように占いによるアドバイスをするようにしています」

まさに目からウロコ、とはこのことである。おそらく90パーセント以上の人が「片思いの人と、今後進展はあるか」「事業を始めたいけれど、うまくいくか」と物事が成就する前に占い師のもとを訪ねているはずだ。また、藤岡先生は占いについてこう語る。「占い師の人にみてもらったとき〝今年はあまり運勢がよ

152

占い師

くない〟といわれたんですね。その瞬間に私は〝今年はとてもすばらしい年だった〟とイメージしました。イメージすることなく普通に過ごしていたら、その占い師さんの言葉通り、よくないことが続いたかもしれません。プラスにイメージすることでプラスに覆してしまうことで運勢がガラリと変わります。

でも事前に占いをしてもよいこともあります。たとえば5人からアプローチされていて、誰を選べばいいのか迷っているとき、複数の会社から内定をもらったときなどは、占いを利用してもいいでしょう」

■ 今日から実践できる開運アドバイス

イメージング以外にも開運するために簡単に実践する方法がある。「たとえばお財布に1000円入っているとします。そんなときは〝1000円もあってうれしい！〟と喜びましょう。私はいつも帰宅するとお財布をバッグから出してほめて、小銭はわけて北の方角にある金庫に感謝して入れるようにしました。するとおもしろいようにお金が入ってくるようになったんです。〝1000円しかない、どうしよう〟と嘆いていると小銭しか入らない人生になってしまいます。お金が入ったら大げさに喜ぶこと。それから、お金は恋愛と同じでこちらが必死に追いかけまわしている間はうまくいきません。〝お金がほしい、お金がほしい〟と願っているのにお金が入ってこない。そんな経験ありませんか？

でも〝私はお金持ちだ〟と実感するとお金

のほうからどんどん飛び込んでくるようになります。実感することは叶う、というのが宇宙の法則なんです。それからセレブになりたいと思うなら1カ月に一度でいいですから一流レストランや料亭で食事をしてください。最高の素材を一流の料理人が心を込めて調理して、すばらしい器に盛られて出てきます。ゴージャスな雰囲気、おいしいだけでなく目も楽しませてくれる料理をいただく満足感。ありとあらゆるプラスのエネルギーが細胞レベルで注入されて、セレブになる後押しをしてくれます」

それなりの店へ出かけるということはファッションや立ち居振る舞いにも気を使うようになる。そして、最高のサービスを受けておいしい料理を食べることで脳が刺激され

てイメージング力もアップ、まさに一石二鳥である。

そしてネガティブなものは遠ざけるべきだと先生は断言する。「運がいい人と会うようにしてください。ネガティブな人と会うと、必ず愚痴をこぼされたり聞きたくない話をされたり。相談事はいいのですが、ひたすらネガティブな言葉ばかり聞かされると運気が下がってしまいます。それから脳は言葉を瞬間に受け止めて悪いことをいうと現実化しようとして追いかけてきます。そんなときはすぐに訂正すること。〝疲れちゃったね〟というと本当に疲れてしまいます。それよりも〝がんばったね〟と自分をほめましょう」

占い師

■幸せに遠慮しない人生を送るために

　仕事、お金、恋愛、健康。すべてが満たされた幸せな人生。しかし多くの場合「そんなに欲張ってはいけない」と消極的になってしまうことが多い。たとえばキャリアがある女性が結婚後「家庭があるんだから、働くより家事を優先するべき」と仕事をあきらめてしまったり「健康なんだからお金がなくても仕方ない」と思ってしまったり。何かを手に入れるためには何かを犠牲にしなければならない。そんなあきらめの法則を打ち破るのが藤岡先生のイメージングだ。「自分が不要だと思うものを手放すのはいいのですが、やりたいことができない、というのはもったいないことだと思います。仕事がうまくいっている

からいい、家庭があればいい、ではなくほしい物はすべて手に入れることができる、ということを実感してほしいのです。何でも自由に選択できる立場になりましょう。自分が王様、女王様なんです。たとえば10億円のマイホームがほしいなら、それをイメージしながら短期間で叶うことを現実化していく。ダブルで実践していくことで願うものを次々に手に入れることができます。私はこのイメージングで"完成された人"をつくりあげたいと願っています」ほとんどの人が、すべてを手に入れたいと願いながらも、心のどこかでブロックして幸せを遠ざけているという。幸せに取捨選択はないことを裏付ける、藤岡先生のセッションを受けて劇的に人生が変化した人のエピソードを紹介しよう。

夢は都心にスイーツの店を出すことです！
（神奈川県Rさん　23歳女性）

私はあるデパートのスイーツ売り場でアルバイトをしていました。その頃は「パティシエになれたらいいなぁ」くらいにしか考えていなかったと思います。仕事もおもしろく、買いに来てくださる方が笑顔になるのがうれしい半面、忙しくて体力も限界に。結局、お店は辞めてしまいました。そんなとき藤岡リナ先生と出会いました。

最初は「この先、どうなっていくんだろう」という漠然とした不安などを相談していたのですが、思いきって「ハートティアラ　エクセレント」を申し込みました。そこで「開運成就一日法」を教えていただいてから、私の人生は180度変わったといってもいいでしょう。本当にイメージしたとおりにお金が入ってくるのです。度重なる引越しで貯金が4万円になっても〝一日法ができるから大丈夫〟と思いました。イメージングでお金ばかりでなくいろいろなことをポジティブに考えられるようになってからお店を出す資金を応援してくれる人が現れたり、お店の近くに引っ越したいと思っていたら

大家さんのご好意ですぐ近くに安い部屋が借りられたり。先生から「北側に台所があると金運が下がるので、金庫だけでも吉方位に移動させなさい」「月に一度でいいから一流店のお料理やスイーツを楽しんで、ゴージャスエネルギーを細胞レベルで取り入れなさい」などさまざまなアドバイスをしてくださいます。それを即行動に移すと、面白いように物事がよい方向へと動き出すので、ますますやる気が出て仕事がもっと楽しくなってきました。

また、先生のレイキ講座も受けたので自分で食材にパワーが入れられるんですね。

占い師

恋愛成就を願ったら会社のオーナーに
(大阪府Oさん 38歳)

するとよりおいしくできあがるのか、売り上げも順調です。いつか都心でお店を出すのが夢です。イメージすれば必ず現実になりますよね。私の人生が"エクセレント"なものになるように、これからも藤岡先生のアドバイスをいただけたら、と思います。これからもよろしくお願いします。

当時私は自分の会社をつぶしてしまい金銭的に決して余裕がある状態ではありませんんでした。しかし恋愛だけは成就させたいと願っていたので藤岡先生の電話鑑定を受けることにしたのです。無一文で恋愛なんて無理ですよね。

そんなとき先生から「開運成就一日法」を教えていただき、30万円、50万円、というお金が突然入るようになったんです。ある程度お金に余裕ができたところで、何とか再び会社を立ち上げることができました。気がつくと恋愛のほうもうまくいくようになって藤岡先生のアドバイス通りにして間違いなかったと思っています。もっと人生を豊かなものにするために、このたび「ハートティアラ エクセレント」を申し込みました。

"恋愛も仕事も、すばらしいできごとはすでに私の身に起こっている"

イメージングが楽しくて仕方ない今日この頃です。

あなたの中にある無限の可能性の扉を開く

オーラサロンmono

さら
SARAH先生

得意とする相談内容：人間関係、親子関係、恋愛　その他全般
鑑定手法：オーラカウンセリング、オーラソーマ、西洋占星術、カモワンタロット
鑑定方法：対面
時　　間：12:00~18:00　完全予約制（電話）　不定休
料　　金：オーラ撮影　5000円
　　　　　　（基本カウンセリング+レポート28ページ）、
　　　　　　オーラソーマ　5000円、西洋占星術　2000円~／10分~、
　　　　　　カモワンタロット占い　2000円／1件、
　　　　　　オーラサロンmonoオリジナル　10000円
　　　　　　（オーラ写真+オーラソーマ+カモワンタロット占い）
住　　所：〒559-0017　大阪府大阪市住之江区中加賀屋4-2-14
　　　　　　レジデンス朝日1F
電　　話：06-7504-6473
ホームページ：http://www.aura-mono.com/

占い師

地下鉄北加賀屋駅を下車、加賀屋商店街を抜けるとアールヌーボー様式の館を思わせる建物が姿を現す。ここがオーラサロンmono。扉を開くと白を基調にした華やかで落ち着いた空間が広がっていた。棚に並ぶオーラソーマのボトル、パワーストーンが並べられたテーブルがなければ高級エステティックサロンのようである。店内の一面にはめ込まれた鏡には愛らしい2人の天使が舞い、訪れた人を歓迎してくれているかのよう。"mono"という名前はギリシャ数字の1を表すmonoという意味があるほか、サロンを主宰するSARAH先生の娘さんの名前の頭文字と、先生の本名の頭文字を組み合わせたものでもある。鏡に彫られた天使をデザインしたのは先生の息子さんで、SARAH先生はここにい

磨き上げられた美しいサロン

ると子供たちと一緒にいるようなおだやかな気持ちになれるのだという。

■オーラは内面を映し出す鏡

スピリチュアルな世界がより多くの人たちに理解されるようになり、オーラという言葉は決して特別な意味を持つものではなくなってきている。ときに「あの人にはオーラがある」など個性の一部として表現されることも多い。このオーラについてSARAH先生がわかりやすく説明してくださった。「今の

息子さんがデザインした天使たち

生活や環境があなたのオーラの色に反映されます。そのため光輝いているオーラ、濁っているオーラが存在するのですが、疲れてオーラの色が濁ってしまっているとき、それを悪いと判断するのではなく〝今はちょっと疲れてるだけ！〟と前向きに解釈することで輝きが変わってきます」色や輝きにただ一喜一憂するのではなく、オーラの状態を深く読み取ることで現在の自分の状況に気づくことができるのだという。実際に取材者もオーラ撮影をしていただいた。方法は簡単で、パソコンにつなげたバイオセンサーに左手を置いてCCDカメラを見るだけ。するとパソコン画面にオーラの色が鮮明に映った。「大きくて黄色い明るいオーラは楽しいことが大好き、明るくてサービス精神旺盛である方が多いで

占い師

す。ただ色が濁った部分がありますから、眠りが浅かったり、あれこれいつも何か考えていて脳がフル稼働している状態ではないですか」たしかに取材者は、楽しいことが大好きで友達も多くいる。その反面考えすぎるところがある。30ページにわたるレポートを元に、それぞれのチャクラの状態、身体と心、精神の配分状況、ストレス状態、順応力、エネルギーレベル、行動パターン、社会生活、対人関係と恋愛、仕事と金運、健康と成長などを説明、改善点があればどうすればよいか丁寧にカウンセリングしていただいた。"そんなことまでわかるの？"とビックリするほど先生のアドバイスは的確で、ただ結果をプリントして手渡されるオーラ撮影とは大きく違っていた。それぞれのチャクラを活性化さ

せる食材も記されており、まるで身体と心の人間ドッグである。「オーラはあなたの内面を写す鏡です。その時の身体、心、精神の状態がわかることで現在の自分の状態や状況を知り、今の自分を見つめ直して対策を練ることができたり、新しい自分を発見したり、新しい自分になるための突破口を見つけることができます」先生のアドバイスはわかりやすく、ときにユーモアのある表現に気持ちがとても癒される。そして神秘のベールに包まれていたオーラの存在がとても身近なものになった。定期健診に訪れるようにオーラカウンセリングを受けることで、肉体ばかりでなく精神面までのメンテナンスが可能になる。

"また半年、いや3ヵ月後にもう一度サロンを訪れたい"と思った。

■一度会ったらSARAH先生のファンに

SARAH先生はホームページのプロフィールに描かれた似顔絵のように輝くオーラの持ち主で、華やかな笑顔がとても印象的。話しているとこちらも笑顔になり、話にどんどん引き込まれていく。しかし、相談に訪れた人の多くは涙を流すのだという。それは悲しみの涙ではなく「やっと話を聞いてもらえた」「私の苦しみを理解してくれる人と出会えた」という安堵と癒し浄化の涙である。サロンには老若男女、さまざまな人たちが訪れる。若い女性は「SARAH先生すてき！ 先生みたいになりたい」と憧れのまなざしを向け、人生経験を積み重ねてきた年配の人たちは先生に揺るぎない信頼感を持ち、

癒しスタジアムでも人気の先生

占い師

　先生のカウンセリングに耳を傾ける。「年齢は関係ないんですよ。若い人たちと話していて〝あっ、そんな考え方もあるのか〟と発見があったり、年配の人にはすばらしい知恵があったり」多くの人たちが先生を慕い、幾度となくサロンを訪れるのはカウンセリングや占いの的確さばかりではなく、人としての魅力も大きいといえるだろう。

　先生は今年の7月、アメリカバージニア州にあるモンロー研究所でヘミシンクセミナーを受けた。ヘミシンクは人間の意識をさまざまな状態へと導くオーディオ・ガイダンス技術で深くリラックスした状態・睡眠・瞑想・知覚が拡大した状態・至高体験など通常とは異なる意識状態を体感するものである。一般的によく知られているのが体外離脱だが、亡

くなった人と対面することもできるようになるという。「ヘミシンクを利用して意識的に体外離脱したいと思ったのが最初の目的でした。そして亡くなった父に会いたいとも思いました。それらを自分で体験して〝私は知っている〟ことで、お客様に対してより安心していただけるようなカウンセリングをしていけるようになればと思ったんです。私にとってヘミシンクは体外離脱よりも、もっとすばらしい気づきを与えてもらえた、とても意味のあるツールでした。ここでの体験を生かして、意識や物事をネガティブからポジティブに変換させるアドバイスもさせていただいています」と先生は語る。

　モンロー研究所では元FBI超能力捜査官〝最強の千里眼を持つ〟として知られている

ジョーマクモニーグル氏にお会いした。もう個人セッションを行っていないマクモニーグル氏だが、彼は特別にSARAH先生をリーディングし、笑顔でこういったのだった。
「あなたは寛大な人で、若いから未熟である、という理由で人を差別したりしない。だから多くの若い方があなたのまわりに集まってくるでしょう」と。マクモニーグル氏にはSARAH先生を慕い、サロンを訪れる若い女性たちの姿が見えていたのだろう。

■同居、流産、介護、仕事、子育て、離婚、多くの経験がバイブルに

「21歳で結婚して、仕事、介護、5人の子供を育てて気がつけばおばさんになっています した」と笑うSARAH先生。家庭も仕事も充実して、しかも5人も子供がいるようには見えない若々しさ。初めて訪れた人の中には（先生は何もかも手に入れて幸せそう。私の苦しい気持ちなんか本当にわかってもらえるのだろうか）という表情を浮かべる人がいることも多い。その人のオーラや感情をスピリチュアルな感覚で受けとめることができる先生は、必要だと判断すれば自らの波乱の人生を語ることもある。

先生は結婚した相手と人材派遣の会社をおこした。毎日が目の回る忙しさ。1日が36時間あればいいのに、と真剣に思うほどであった。やがて一人目の子供を妊娠。つわりがひどく、辛い思いをしていたところ姑に「私は塩をなめながら家事をしたものだ。妊娠は病

占い師

気じゃない」と叱られた。そして3ヶ月検診のとき「胞状奇胎で赤ちゃんは亡くなっています」と医師から告げられた。胞状奇胎の場合、絨毛が異常増殖するので急激に子宮が大きくなり、つわりもひどくなる。一週間で2回の掻爬手術を受け、がんになる可能性があるので2年は妊娠しないようにといわれたが、1年半後に再び妊娠。しかしすぐに流産してしまった。

その半年後のある日、先生は実家で飼っている犬の夢を見た。カールと名づけて可愛がっていたマルチーズが寂しそうな声で鳴きながら近づいてくる。「どうしたの？」と抱き上げたところお腹に縦に手術の痕があった。どうしてこんなところに手術の痕があるのだろう？ と不思議に思ったところで目が覚めると実家から「カールが意識不明だ」と連絡があった。そのまま意識が戻らないままカールは天国へ召されていった。その日、先生の妊娠がわかった。「犬が身代わりになって妊娠させてくれたのかもしれないと思いました。3度目の妊娠は出血があったりして腹帯をするまで入院という状態でした。産み月になったとき逆子だということがわかりましたが手遅れで逆子は治せなかったんです。先生に苦しいかもしれないけれどがんばりなさい、といわれ37時間の陣痛が続いて最終的に帝王切開しました。生まれた子供は仮死状態でしたがすぐに蘇生し、私は集中治療室で処置を受けました。ベッドに横たわった私にはたくさんの管がつながれている状態で、それを私は天井から見ていました。それが私の初

めての臨死体験でした。

退院後、帝王切開で残ったお腹の傷を見たとき、カールの夢のことを思い出したんです。

あのときのカールのお腹の手術の痕は〝赤ちゃんは授かるけどお腹に傷が残る〟という意味だと気づきました」

やがて次男、三男、四男が誕生。どうしても女の子を授かりたかった先生は産み分けという方法を選択、待望の長女を妊娠した。

そのとき長いこと介護してきた舅が他界。切迫流産しそうな状態で出血がありながらも裏方に徹していた先生。しかし近所の人たちからは「お嫁さん、これからは姑さんの世話をちゃんとしてあげてや」と口々にいわれた。今までずっと私ががんばってきたのに、と悔しい気持ちで一杯になった。しかしそんな先生に思いがけないメッセージが届く。「亡くなった舅が一週間くらいして夢に現れニコニコしながら〝お前は嫁さんやのによくやってくれた。本当にありがとう〟といってくれたんです。誰にもわかってもらえなくても、私が一生懸命介護したことに感謝してくれてたんだと涙があふれました」

仕事に姑の介護、子育て。とにかく忙しくて毎日が疲労困憊。歯の治療へ行くとチェアに座った途端に居眠りしてしまうので何度も「口を開けてくださいね」と声をかけられた。それでもすぐ眠ってしまうので開口器で口を開け、眠りながら治療を受けることもあった。多忙な日々の中、あるとき子供から〝どうしてお母さんは（お父さんを）怒らな

占い師

いの?" といわれた。「私は夫に尽くし夫にいわれるまましてきたけど、それを見て育った息子たちが結婚したとき、夫ってこんなんでいいんだと思ったら大変だと初めて気づきました。それまで夫に対して反抗しなかった私はおかしいと思う言動にすぐ反抗しだしました。すると喧嘩ばかりになり、今までうまくいっていたことがすべて私の我慢の上に成り立っていたことに唖然とし、もう我慢するのはやめようと離婚を決意したんです」

しかし、ご主人はなかなか離婚に応じようとせず、泥沼状態。離婚調停の帰り、車を運転していて、このままガードレールに激突して死んでしまったほうが楽だと思うこともあった。そんなとき先生を慰め、励ましてくれたのが5人の子供たちだった。同居しなが

らの調停、その後別居し、2年以上かかったものの最終的にはお互い感謝しながら離婚することができた。

■解決策も暗示する神秘のカモワンタロット

このサロンでも人気が高いオーラサロンmonoオリジナルは、オーラ写真にオーラソーマを組み合わせたカウンセリングの後、カモワンタロット占いをすることで現在の状況から未来までをトータル的に知ることができる。

カモワンタロットとはマルセイユで250年以上続くタロットの老舗、カモワン家の末裔であるフィリップ・カモワンとタロット研究家であるアレハンドロ・ホドロフスキーが

最古のタロットといわれるマルセイユタロットを復元、現代に甦らせたものである。「このカモワンタロットはスピリチュアルなタロットです。一般的にタロットカードはお客様の質問を受けて占い師が引くことが多いのですが、これはお客様にカードを引いていただきます。従来のケルト十字法や他の展開法とはまったく異なる方法ですね。カードに描かれている人物の視線通りに進んでいくので、占う人によって枚数が違ってきます」クライアントの心を見透かすように展開していくカモワンタロットだがリーディングはとてもむずかしい。しかし、SARAH先生はわかりやすく解説、アドバイスしてくれるのでとても参考になる。「ランダムにカードを引いていただいているようですが、実は自らの魂が選んでいるんです。望んでいた結果ではなくても必ず解決策を教えてくれるカードが出てきますから心配はいりません」

オーラソーマは2層にわかれた108本のカラーボトルから直感で4本を選び出すもので、魂の使命や精神状態、未来などをリーディングしていくものだ。オーラ写真とオーラソーマはシンクロすることが多く、より深くその人の状況を読み取ることができる。

オーラ写真カウンセリング、オーラソーマにカモワンタロット、生まれながらの運勢を知ることができる西洋占星術。オーラサロンmonoはトータル的にアドバイスしてもらえる数少ないサロンのひとつといってもいいだろう。

占い師

■子供を叱ってばかり〜苦しんでいるあなたへのメッセージ

ここ数年、深刻化している親子関係についての相談も増えてきている。サロンを訪れた人からは「SARAH先生に会って、お話していたら涙が出て止まりませんでした。でも泣きながらスッキリしていく自分がいたのです。しつけのつもりで厳しくしすぎて手を上げてしまったり。夜になって寝顔を見ているとあそこまで叱らなくても、と後悔することが何度もあったことか。先生にいろいろアドバイスしていただいてからは子供を叩かず、笑顔で過ごせるようになりました。これからも子供と一緒にがんばっていきたいと思います」という感謝の声が寄せられている。

どう子供と向き合えばいいか悩んでいる人たちへSARAH先生はこんな話をしてくださった。「私は子育てしながら気づいたのですが〝長男をこう育てたから、次男も同じように〟という気持ちがあったんですね。でも同じように育てていても明らかに違いが出てくるんです。あたり前といえばあたり前ですが。あるとき小学校の先生から次男の成績がよくない、塾に通わせないといけないかなぁ、と考えたこともありました。でもふっと気がついたんです。勉強ができる子、スポーツが得意な子、人の面倒をよくみることができる子、それぞれすばらしいところがあるんですよね。次男は重たい荷物を持ったおばあさんを見かけると荷物を持ってあげたり、何かと世話を

焼くのが好きな子です。優しくて思いやりがあってそれで充分！　勉強なんてできなくていいじゃない、と思ったら愛おしくて涙が出てきました。個性を大切にしてあげたいと思うようになったら子供たちがのびのびし始めたんです。三男は成績がよくて、次男が三男に漢字の読み方を聞いているのを笑ってみていられるようになりました。それから四男は生まれたとき頭が大きくて水頭症の可能性がある、ということで心配して大きな病院へ行きました。結果、水頭症ではなく医師からいわれたのは〝僕、この子のサインをもらっておこうかな。この子の脳みそは大きいから、頭がよくて大きくなったらきっと有名になるよ〟という言葉でした。私はその言葉にほっとし、涙があふれとても感動しました。そし

て、ポジティブな言葉がどれほど人に元気を与えるかを学びました」　長男は大学在学中に就職の内定をもらったが〝自分には他に進むべき道があるのではないか〟と考え、カナダ留学することに。留学というと贅沢なイメージがあるが、長男はお年玉貯金とアルバイトで懸命に貯めたお金で留学という夢を実現させた。留学先の学校やホストファミリーについても自分で調べたのだという。「今はワーキングホリデーや面倒な手続きを全部やってくれる便利な会社もあります。でも大変でも自分で調べて納得がいく方法を選ぶことで、留学前にもたくさんのことを学ぶことができたんですよね。私も〝自分の力で成し遂げる〟ということを長男から教えられたと思っています。お子さんがいらっしゃる方はしっ

占い師

かりと愛をもって子供たちを育てていくことが大切です。大きなことを成し遂げようと無理をすることはありません。身近なことからやっていくことが大事なんですね。私には子供が5人いますから、これから何十年も経つと子孫が何十人にもなるわけです。ということは5人の子供たちをしっかり育てていくことが将来の何十人の子孫たち、そして彼らがまわりの人たちに何らかの影響を与えると考えると、今している子育てがどれだけ大事なことか、どれだけ社会に影響するか想像できます。でもむずかしく考えすぎることはないんですよ。正しく愛情を注げば子供はそれに応えるように育ちます。優しく愛に溢れた子供たちが成長して世の中を支えるようになれたらすばらしいですよね。親であるというこ

先生の原動力となってきた子供たち

とは、そんなすばらしい役割を与えて貰えたということなんです」

今、先生の5人の子供たちは、のびのびとそれぞれの個性を最大限に活かしながら充実した毎日を送っている。

■ポジティブになることで必ず未来は変わる！

SARAH先生のカウンセリングや占いを受けた人から、たくさんの感謝の声が寄せられている。「オーラ写真でここまでわかるなんて、すごい！ レポートは私の宝物です」「今まで、自分に自信が持てなかったんですが、先生にカウンセリングしてもらってからは、自信が持てるようになりました」「先生にお会いしてから、嬉しい出来事の連続です。アドバイスありがとうございました」「タロットで占ってもらったとおり、突然の出会いがあり、結婚することになりました」「タロットの展開通り、仕事が順調に進んでいます。このままがんばります」「自分が変われば、まわりが変わっていきました。結局、人を変えるより、自分が変わることが大事なんですね」など、どれも喜びに満ちている。オーラカウンセリングやタロット占いを受けたほとんどの人が、現状をいい当てられたり、思いがけない未来展開に驚くが、SARAH先生は「クライアントの方が気づき、ポジティブになることで、未来が変わるんです。私はただ、気づきのお手伝いをさせていただいているだけです」と語る。

「小学校の時、夜が怖かったんです。毎日同

占い師

じ夢を見て、自分が押しつぶされそうな恐怖で、飛び起きていました。どうしてこんなに同じ夢を見るのか、まるっきりわからなくて、親にも理解してもらえなくて、苦しんだ時期がありました。結婚する頃には、そのときのことさえ忘れていて、怖い夢も見なくなっていましたが、どういうわけか、ユングやフロイトに興味を持ち始めました。その後、臨死体験をし、予知夢を見たり、体外離脱や明晰夢など、数々の不思議な体験をしてきました。そして、あらゆる精神世界やスピリチュアルな勉強をしながら、自分の体験を、探求するようになりました。それからオーラ写真との出会いがあり、導かれるようにカモワンタロット占い、オーラソーマ、西洋占星術

を学び、ようやくヘミシンクにたどり着いたと思っています。自分自身の探求はまだまだ続きますが、これらのすばらしいツールを活用し、結婚、仕事、同居、流産、子育て、介護、離婚などの経験も活かして、より多くの悩んでる方にアドバイスしていけたらいいなと思っています」

笑顔で語る先生のオーラはきっと大きく広がりキラキラと輝いているに違いない。あなたのオーラやチャクラの状態はどうだろうか？　苦しみや悩みで濁っていたり萎縮していたりしないだろうか？　オーラサロンmonoの扉を開いてみよう。実際に目で見てアドバイスを受けることで、あなたのオーラ・チャクラばかりでなく未来も大きく変わるはずだ。

占いと癒しの会話で訪れる人の人生を幸運に導く鎌倉の母

なるほどケイリの占いサロン

河村ケイリ先生
（かわむら）

得意とする相談内容：転居、方位、事業、親子関係、恋愛
鑑定手法：手相、筆跡診断、九星気学、四柱推命、
27宿占星術（宿曜占星術）、風水、
宝石選び（生年月日と曜日より鑑定）、数字占い、
七福神占い、誕生花占い
鑑定方法：対面
時　　間：10:00～11:50／13:00～／16:00～／18:00～
水曜休　完全予約制
料　　金：手相3150円／20分、6300円／40分、9450円／60分、
筆跡診断3000円、移転20000円～／1件、
開業・開店30000円～／1件、改名20000円～、
新生児命名30000円～、
住　　所：神奈川県鎌倉市小町（JR鎌倉駅より徒歩3分）
※詳細はご予約時にお知らせします。
電　　話：0467-33-4763
ホームページ：http://www.keiri-uranai-salon.jp/

占い師

「私、占い師になる前は花屋のおばちゃんだったのよ」と明るく笑う〝鎌倉の母〟と慕われる河村ケイリ先生。しなやかに齢を重ねてきた女性ならではの魅力が表情に表れている。このサロンを訪れた人が、つい長居してしまう気持ちがわかる気がした。

■園芸店を営みながら占いを勉強

河村先生が結婚したのは22歳。「とてもきびしい両親でね。父親を説得して家をうまく抜け出して現在の主人と結婚したの。主人は園芸を研究していて、2人で開店して43年間店を切り盛りしてきたんだけど、主人が体調を崩して突然店を閉めることになったのよ。それから1年くらい、自宅の庭でつくった野菜を食べて、夫と一緒にままごとみたいな生活をしていて。1年くらい経ってから自分で仕事を始めようと思ったの」と、振り返る。こう聞くと突然占い師になったような印象を受けるが、先生は半世紀もの間、数え切れない人たちの手相をみてきた実績の持ち主である。

幼い頃、〝鏡が囲まれたキレイなお部屋で占いをする人になりたい〟という夢を抱いていた先生は独学で手相を勉強。その驚異の的中率に手相を見てもらうついでに花を買っていく人も多かったという。「すごく当たっているよ！ 見料はいくら払えばいい？」というお客様もいたが、先生は「プロの占い師ではないので見料をいただくわけにはいかないわ」と、見料代わりに花を買っていただいていたのだという。

ある日新聞紙でパンジーを包もうとした

ズバリ、運勢を言い当てる！

き、占い教室の広告があるのを見つけ、さっそく教室に通い始めた。最初は〝見料の相場もわかるだろう〟という気持ちだったが、さまざまな占術に興味を持ち、手相のみならず九星気学、27宿占術、タロット、算命学などを身につけ師範鑑定士にまでなった。

花を買った人に「このお花、どこへ置いたらいいかしら?」とたずねられると、置くと開運する方角を九星気学と風水でアドバイス。しかし先生は花の代金しかもらわなかった。「大勢の方をみさせていただいて、とても勉強になっ

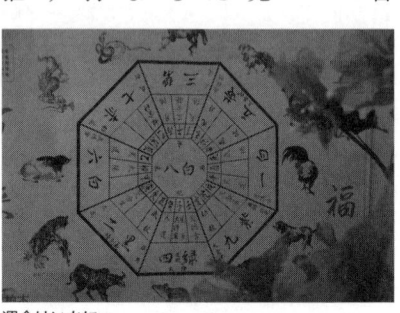

運命はいかに…

たのよ」と先生は笑う。

■丁寧で的確、誰にでも実践できる方法をアドバイス

先生は持てる占術を駆使して、転居や起業、結婚式に適した日を細かく丁寧に鑑定する。転居の場合は一カ月の間に3日、最適な日、適した日、引越してもよい日、を割り出す。絶対にダメな日も必ずアドバイスする。「家を建て直すとき古い家を取り壊す必要がありますね。これが実は大切。壊す日、何日更地にしておけばいいか、いつから建て始めるか、いつ入居するか。その場合は仮に住む家の吉方も必ず鑑定するの。そうすれば安心して新しい家が建つまで住むことができるでしょう」家の改築の場合は家相も詳しく書いて相談者に渡すのだという。

また、会社の場合は業種によって算出方法が異なる。紙を扱う仕事と食べ物を扱う仕事では日にちが違ってくる。そこへ事業主となる人の

占い師

運気も加わると、とても複雑になってくるが、先生はむずかしい言葉を使わず「この日が最良だけど、この日も大丈夫。でもこの日だけは避けてね」とわかりやすく説明。先生のアドバイスどおり転居、起業した人は家庭円満、事業の成功に恵まれている。

新生児の命名は先生が決めてしまうのではなく、予め候補となる名前をご両親に数案考えてもらってから判断を行う。この字画だとこういう才能を発揮するようになる、この字画だとこんな性格の人になる、などくわしく鑑定するほか注意するべきこともはっきりと伝える。

また、筆跡診断では筆跡からさまざまなことを読み取ることが可能だ。先生はその人が書いた文字から性格や深層心理を知り、その情報を元に金運、愛情運、職業運などあらゆる運勢を占う。また、文字をどのように変えていけば運勢が上がるかもアドバイス。これは郵便鑑定が可能で、ハガキの表書き、別紙に「性別」「年令」「ご職業」「特に知りたい事（金運・愛情運・健康運・職業運からひとつ選ぶ）」「その他知りたい内容」を書いたものを現金書留で送ると後日鑑定結果が先生より届く。（正しく診断するために、普段書いている自然な字であることが望ましい）

■引きこもりの少年が大学に通うまでに

「息子が引きこもって学校へ行かなくなった」と相談を受けた先生は、独自の方法で悩みを解決。それは〝学校へ行けといってはいけない〟

すべてを護る水晶玉

"がんばりなさいといわない" "話をするときは真正面ではなく隣に座ること" "子供が好きな飲み物をいつも冷蔵庫に入れておくこと" "食事は無理に食べさせようとせず、少しの量を黙って出すこと" というものだった。

「占いで出た結果だけを伝えるのではなく、どうすれば問題が解決するかをアドバイスするようにしているの。人間だから挫折するのはあたりまえ。失敗をクヨクヨ考えるより、これからどうすれば良い方向へいくのか。そこに意識を向けるほうが何十倍も大切」その後先生のアドバイスに従ったところ、息子さんは中学も高校も無事に卒業、現在は、大学に通っているという。

親子関係ばかりでなく夫婦や職場など人間関係に悩む人たちにもアドバイスをする。「親は親、子供は子。子供は親の所有物ではないわ。そして配偶者も家も神様からの預かりものだと考えてごらんなさい。粗末にできないでしょう。職場なんかで憎々しいと思う人がいても、その人もまた神様からの預かりもの。そう思えば打ち負かそうなんて考えないでしょう。憎たらしい人はお気の毒。だって人に好かれないと孤独よ」

■鋭い直感力は秘めたスピリチュアルパワーの現れ!?

「私は自分のカンを信じて行動するの。家を変わりたいなあ、と思ったら "なぜここがいいか" を納得したところに迷わず引越して。あとで四柱推命などでみてみると、一番良い時期に最高の方角へ引越していたのよ。自分の直観力を信じるべき。イヤだと感じたら無理にやらないこと！」と先生は断言する。

そして自分が本当に心の底から何を望んでいるかは自分自身がわかっている、と。時間ができたから東京へでも行ってみようかと思ったも

占い師

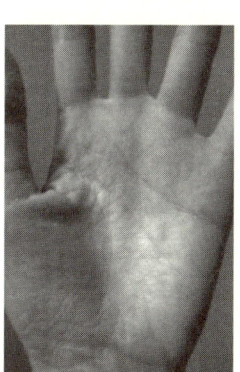

のの、気が進まなくてやめてしまった。すると電車でダイヤの乱れがあり、もしそのまま出かけていたら帰りがとても遅くなるところだった、ということも。"私にはスピリチュアルな力なんてないわ"という先生だが、実は意識していないだけなのかもしれない。

■誰にだって因縁はある

ときどき"前世の因縁""先祖の因縁"という言葉を耳にする。場合によっては「私は前世で○○の因縁を背負ってしまったから、不幸なのはしかたない」とためいきをつく人もいる。

しかし、この因縁について先生はいう。「生まれ変わるときに肉体は変わっているけれど、魂は一緒。先祖の因縁、そして自分自身の因縁。魂がある人にはみんな因縁があるの。この魂を繋いできているから、現在のあなたがあるのよ。だから自分の魂を信じること。世の中で悪いとされていることをしなければいいの。よく私のサロンにやって来て開口一番「どう？　私、お金ないでしょう？　私、恋愛運がよくないのという人がいるけれど、自分で自分を運がない人間だと決めつけちゃダメ。幸せは目の前にたくさんぶら下がっているの。それを自分の手で手繰り寄せることが大切。イヤなものには触れなきゃいい、わざわざ不幸を取らなきゃいいの」

なるほどケイリの占いサロン、文字通り"なるほど"とさまざまなことが腑に落ちる空間である。鎌倉の母は今日も悩める人を微笑みで出迎えている。

手の中にいろいろな人生がある

『あなたがすべきことをズバリ教えます!』
なりたい自分になりましょう。叶えたい夢を叶えましょう。
人生の戦略を示し、これまで2000人余を幸せに導いています。

YUNMU GROUP （ユンム グループ）

雲母先生
（ゆんむ）

得意とする相談内容：恋愛、結婚、相性、適職、健康、移居、
　　　　　　　　　　　金運、人事・事業相談
鑑定手法：四柱推命、紫薇斗数推命、九星気学、算命学、
　　　　　　人相・手相、姓名判断 他
鑑定方法：対面、電話、メール
時　　間：随時受付（メール、ホームページ、電話） 完全予約制
料　　金：（個人）新規12000円／60分
　　　　　　2回目以降15000円／60分
　　　　　　（個人事業・法人）35000円～／60分（延長可）
　　　　　　※出張鑑定・講習会・鑑定会・セミナー等
　　　　　　お問い合わせ下さい
住　　所：〒101-0021　東京都千代田区外神田1-8-7
　　　　　　神林ビル303
電　　話：03-5207-5651
ホームページ：http://yunmu.jp/
メールアドレス：info@yunmu.jp

占い師

「自分が何者なのかを知りたいという思いで、勉強してきました」という雲母先生。自由に形を変える雲が好きで、書画家の先生につけてもらった名前「雲母」は、中国読みで「ユンムー」、「雲の母」という意味だそうだ。気さくで話しやすい雰囲気の先生は、相談者にとっては、なんでも相談できて頼れる「母」というより、その親しみやすさから、お姉さん的な存在のように感じられることだろう。よく笑って楽しい気分にさせてくれる先生の、その美しい笑顔の陰には、苦難の半生があったという。

■何でこんなに不幸なのかと思った少女時代

先生は、他の人には視えないものが視え、聞こえないものが聞こえ、普通の人が知り得ないことを知ってしまうような子供だったという。その能力は今でも持ち合わせているが、当時は周りの大人の対応も冷たく、自分のことを「頭がおかしい」のだと思い悩んでいた。

そんな、子供ながらにつらい思いをしていた先生に、さらに追い討ちをかけるように病が襲い、15歳で死の淵をさまよう経験をする。「気がつくと、川のほとりに座り込んで、対岸を見ているんです。パステル画のような淡い色調の景色で、対岸には美しい花がいっぱい咲いていました。その川を、渡りたいのに渡れない。そんな感じでした」

そうこうしているうちに「そっちに行っちゃいけない」と肩を揺すぶられ、目を覚ました。危険な状態を察知した看護師が、慌て

て先生を揺り動かしていたのだという。でも、先生は「死ななかったんだ」と落胆したと共に激痛に苦しむことになる。

■ 占いとの出会い

あまりに不幸な身の上に悩んでいた先生は、ある日占い師に見てもらうよう、友人に勧められた。先生は、占いなどで人の運命がわかるはずがないと思っていたという。しかし、紹介された占い師を訪ねると、開口一番「あなた死に損なっちゃったわね」といわれる。そのいい方がカンに障り先生は怒って途中で帰ってしまったのだが、すぐに占いに興味を持ち勉強を始めたという。

独学であらゆる占術を学んだのち、四柱推命を有名な先生のもとで学んだが「人は運命に従って生きるしかないのか」という疑問を抱きながら、さらなる探求を続け、四柱推命、紫微斗数、算命学、風水、易断など、あらゆる占術を多角的に組み合わせ、そこに気学風水を取り入れて、運命を好転させる方法に至ったという。

先生は「宿命は変えられないけれど、それをどう生きるか、宿命は自分で活用するもので、これからいく運命は変えられる。一生の流れが見えるので、『あなたはこうするといいよ』と教えてあげることができます」という。生きるエネルギーを使うタイミングを考えれば、少ないエネルギーで楽に生きることができるというのだ。

占い師

■女性相談者に人気の秘密

先生は、その豊富な占術の知識・経験に加え、生来の霊感で、相談者の悩みが先生の前に座っただけで相談者の悩みがわかるという。さらに、名前と生年月日、生まれた時間・場所を聞くと、その人の一生が、スラスラわかってしまう。先生の前に座った相談者は、自分の置かれた状況や思いを伝える前にいいあてられてしまうのだ。

女性相談者の多くは、恋愛や結婚に悩んでいるというが「あなたは、あなたが相手に求める条件に見合っていますか？と、いつもいうんです」と手厳しい。相手に求めるばかりで、自分を磨く努力を怠った女性も多いと先生はいう。そして「恋愛問題は、話し出す

と占いじゃなくなっちゃう。着る物や色の合わせ方から、料理のことや掃除の仕方まで教えてあげたりするんです」と笑う。

相談者は、自分の〝現在地〟がわからなかったり、自分の目指す方向を見失っていたりするため、どうやって人生の目標に近づいていったらいいかわからない場合が多いという。先生はそんな相談者に「もう少しのがんばり方」を教えるのだ。

また、先生は「相性は自分たちでつくっていくもの」という。占い上で相性の悪い相手でも、相手が大切にしている部分をお互いに認め合って大切にし合うことでいい関係が築けると先生は語る。

占いから人生相談、アドバイスと、先生の言葉で元気になった女性は多く先生のもとに

喜びの報告に来る相談者は後を絶たない。

■経営者も一目置くスゴ腕

男性相談者の多くは、仕事関係の相談で、会社の命運を担う経営者も多い。多種多様の経営に携わる経験を持つ先生は、その専門的かつ的確な占いで信頼を得ている。特に重要な会社の人事については適材適所の判断を明確に指摘することができるという。「営業向きの人に管理職は向かないしその逆の場合もあります。30人ほどの社員リストから、それぞれの適性・適所、上司と部下の相性などもわかります」と自信持って語る先生。

小さな会社やお店などからは、スタッフ募集に関する相談も受けるという。小規模な事業所は、長く務めてくれて気持ちよく働いてくれる人を雇わなければダイレクトに業績に響く。募集のタイミングや応募者の居住地の方位は重要な要因だと先生はいう。

また、会社設立のタイミングを考えている起業家も、先生を頼って来る。運のいいときに会社を設立して、その波に乗れば必ずまくいくもの、と先生はいうが、反面、運気の良さに調子づいて感謝の心を忘れてはいけないと諫める。先生のアドバイスをすなおに実行している会社は、みな成功しているという。また、商品開発・新商品発売の時期をアドバイスして、爆発的にヒットした商品もあるという。

■占いを有効に活用すると運命が開ける

先生は、今の世の中について「物質的なも

占い師

のではなく、精神的なものの価値がますます重要になってきます。目に見えないものの力を信じ、自分の力を信じてほしい」と語る。

そして、「占い上の幸せと、人が思う幸せは違うと先生はいう。あくまで自分自身がいいと思う人生を生きるべきで、先生はそのことをみんなに気づいてほしいという。占いは、これから行く道の途中に山や谷があることを教えるもので、それを右に回るか左に避けるか、はたまた体当たりするのかはその人次第なのだ。「悩んでも考えても答えが出ないとき、身内や友人以外に相談相手がひとりくらいいた方がいいですね。占いを取り入れることもそのひとつです」と、笑顔で語る先生。涙で磨かれたであろう先生の笑顔は、相談者を勇気づけ前向きにしてくれるに違いない。

■パワー波動ブレスレット≪あなたの願いをお聞かせ下さい≫ 完全受注生産！

雲母先生があなたを鑑命に、あなたの願いに合わせた「パワーストーン」を選び出し、ヒーリングコンサルタントがそのストーンに秘められた力を引き出しながら波動調整し、あなただけの「最高級オリジナルブレスレット」を手作り製作します。

持ち歩きに便利な巾着袋、簡易鑑定書付き。メンテナンス可能。その他、要望に応じてストラップ・アクセサリー等の製作も受けつけているという。気軽に問い合わせてみよう！

「パワー波動特別限定モデルブレスレット」最強！金運・財運・ギャンブル運アップ

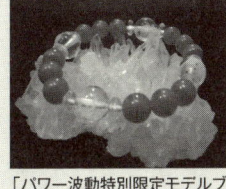

「パワー波動特別限定モデルブレスレット」最強！恋愛運・結婚運アップ

「パワー波動ブレスレット」恋愛運・結婚運アップ

結暖冶（けつだんや）
石田観知雄先生
いしだみちお

得意とする相談内容：悩み全般
鑑定手法：手相、姓名判断、易占い、気学、四柱推命、紫微斗数、奇門遁甲、風水、霊符
鑑定方法：対面
時　　間：9：30～20：00　要予約
料　　金：鑑定　3000円／1件、お守り・霊符　3000円／1枚
住　　所：〒190-0023 東京都立川市柴崎町3丁目14-21-205
電　　話：042-523-6488（FAX）042-522-1856
メールアドレス：abc-5@docomo.ne.jp
info@ketudanya.com
ホームページ：http://nttbj.itp.ne.jp/0425236488/

　姓名判断から始まって40年以上もさまざまな東洋占術を学んできたという、石田観知雄先生。昔から、占いなど神秘学の影響を受けた人の心理を研究してきたという。

　先生のところには、恋愛相談の若い人から年配の人まで幅広い年齢層の人々がやってくる。あらゆる占術を学んでいる先生は、相談者の悩みの種類によって、また、その人最も適していると思われる占術を何種類か用いて、よりくわしく鑑定している。

　希望があれば、鑑定内容の「念押し」の意味を込めて、身に付けるお守りをその場で手書きしてくれる。また、お守りとは別に相談者の希望がかなうという「霊符」も相談者の依頼で作成する。

　霊符とは、密教をベースとしたもので安倍

占い師

晴明の用いた占術でもあるという。病気、ケガ、恋愛など、人の悩みのありとあらゆる事柄それぞれに対応する霊符がある。先生は、さまざま著書、専門の先生より学び、霊符学士の肩書きも持っている。

お守りと違い霊符は、作成するにふさわしい日が定められており、作成する時間も午前2時以降と決まっている。先生自らが身を清め、一枚一枚手書きしていく霊符は、多くの相談者の願いをかなえているという。

先生の霊符は、バラバラになった家族の心をひとつにまとめる方向性を示すために書かれたり、海外旅行の無事を願うために書かれたり、とその依頼内容も多様だ。願いがかなった霊符は、お礼の気持ちを込めて先生のもとに返されてくるという。

占いにしろ、霊符にしろ、相談者個人の悩みに細かく対応した方法でアプローチすることで、相談者の今の現実にあてはまった答えが出てくると先生はいう。

悩みを抱えている人に対して先生は「人が生きていくということ、人の情の尊さを感じることが大切だと思います。人生の苦しみ、楽しみ、出会い、生きる勇気を思い出して、人の情の尊さを感じたときが、この世で一番美しいものを見つけた瞬間だと思います。『結暖冶』が相談に来られるみなさんの心のよりどころとなるようにと願っています」と語る。

占いを通じて得た研究結果を、いずれは一冊の本にまとめたいという先生。常に学び続けている先生の鑑定は〝こだわりの鑑定〟といえよう。

東洋哲学医学研究会

神山佳弓先生
(かみやま かきゅう)

得意とする相談内容：悩みごと全般：受験、試験、選挙、転職、結婚 他
鑑定手法：周易、気学九星、四柱推命、数理易学（神稜学）、宿曜経（インド占星術）、カメヤ姓名判断法、波動エネルギー占い
鑑定方法：対面
時　間：火、金曜日：12:30～21:30　月、水、木、土曜日：11:00～20:00
　　　　　※土日は教室で教えています
料　金：3150円／25分（1件）、5250円／40分（2件）、10500円／60分（総合）
住　所：火曜・金曜日：新宿（小田急デパートB1F）、月曜・水曜・木曜・土曜日：大田区池上事務所
　　　　　〒146-0082　東京都大田区池上5-16-1　パークス池上119
電　話：090-2466-9804
ホームページ：http://uranai-kamiyama.com/

「相談者の方の生年月日を聞いて星をみるとき、パズルを解くような感じがしてワクワクと幸せな気持ちになります」という神山佳弓先生。相談者にとっては、実にすばらしいと占いを心から楽しんでいる。

先生はまた、生年月日がわからなくても、そのときの相談者のイメージがあれば占うことのできる易も使って相談ごとの深い部分をみていくという。使うのはサイコロだが、この偶然に出る易は宇宙のしくみがくれる答えだと先生はいう。「人も他の生き物も、地球も太陽も、宇宙の中で同じサイクルで生きている。そこからくるメッセージを読み解くのが占い師の役目」といいきる。

先生は、相談者一人一人の鑑定を頭の中の引き出しにしまうことができ、再び相談に訪れたときに前回の鑑定がそのときの記憶のままに出てくるという。付き合いの長い相談者も多く、親子三代にわたって通う人もいる。

相談者の求める想いにハッキリと応える先生への信頼は厚い。

占い師

対面占いルーム　CHRONICLE
クロ戌(いぬ)先生

得意とする相談内容：恋愛、夫婦間、離婚、子育て、仕事、人間関係全般
鑑定手法：スピリチュアルタロット占い
鑑定方法：対面、電話
時　間：12:00～20:00
料　金：3000円／20分（以降1000円／10分）
住　所：〒155-0031　東京都世田谷区北沢2-25-8
　　　　　東洋百貨店 SNIPEHEAD 内
電　話：03-3481-9919
ホームページ：http://ameblo.jp/gaokun013
メールアドレス：snipehead2005@yahoo.co.jp

　その驚異の的中率が口コミで話題となり、幅広いメディアで紹介されたスピリチュアル・タロット占い師・クロ戌先生。

　幾度と生死の境をさまよった壮絶な幼少体験によって得た霊感と、長年にわたる路上占いで得た知識と経験に裏打ちされた的確なアドバイスによって、20年近くに渡り、数多くの悩める相談者を明るい未来へと導いてきた。

　名前や生年月日などは一切聞かず、時には相談内容さえ聞くことなく悩みを解決に導くその鑑定力は、業界にも広く知れ渡り、芸能人や著名人を含む多くの顧客からも高い評価と信頼を得ている。

　クロ戌先生の占いは主に〝今、相談者がどう動くべきか?〟という部分に焦点をあてたものであり、相談者の内面を赤裸々に映し出すという。

　しかし、「自ら変わろうとせずに人にすがるだけの者を救うことはできない」と、いうのが先生の持論。未来は常に流動的であり、定められたものではなく自ら引き寄せるもの。

　相談者自身が運命を切り拓くことを信じ、進んでいくことが大切だと語る。

0学占星術直門師範

沢木令春先生
（さわき れいしゅん）

得意とする相談内容：経営、仕事、恋愛・結婚、家庭問題、家相、他人生相談一般
鑑定手法：0（ゼロ）学占星術
鑑定方法：対面
時　　間：9：00〜21：00（日時は応相談）
料　　金：10000円／60分
場　　所：秋田県能代市
電　　話：090-4636-6336
ホームページ：http://www.reishun.com
　　　　　http://zerogaku1shibu.com
メールアドレス：reishun@hotmail.co.jp

「0学占星術」とは開祖・御謝山宇彦師が編み出し学問として樹立された運命分析学だと沢木令春先生は語る。特徴なのは、相談者の人生における「春」はこの時期などとして人の人生を「四季」にたとえて鑑定する点である。わかりやすい上にかなりの精度で相談者の過去が的中し、未来が読めるという。

先生自身、家を建てるときに友人に紹介された鑑定士との出会いが0学占星術を知るきっかけとなり「占いに向いた特別な星の下に生まれている」と言われ0学占星術を学ぶようになったという。

先生のもとには時節柄会社の将来を心配する経営者が相談に多く訪れるほか、家庭問題、家相・恋愛・結婚などの相談も多い。会社の顧問鑑定士を務めるなど、先生にみてもらってから商売が繁盛したという経営者が多いという。口コミなどでも依頼が増えている先生自身の運気に乗って人生の悩みや不安を解消し、開運に導いてもらうことをお勧めする。

占い師

心と体の開運相談【祐気堂】
堂前祐実先生
(どうまえ ゆみ)

得意とする相談内容：人生相談（恋愛、結婚、仕事、適職、家庭、子育て）
鑑定手法：五行推命術、開運カウンセリング
鑑定方法：対面、メール、電話（遠方以外は原則対面）
時　間：10：00～19：00　不定休　完全予約制
料　金：10000円／1人または1家族（時間制限なし）
　　　　※メール・電話によるアフターフォローは無料
場　所：奈良県北葛城郡河合町（佐味田川駅前すぐ）
電　話：0745-27-4047
ホームページ：http://yuukidou.com
メールアドレス：yuukimail@nifty.com

　四柱推命などの東洋占術の元となる五行推命術で開運カウンセリングを行っている堂前祐実先生。漢方薬局に勤めていた経験のある先生は、体だけでなく心の問題へのアプローチのために占いを学び、心と体の両方から相談者にとって本当の意味の開運を考えてくれる。

　「私は漢方医療で培った陰陽五行説をすなおにやっているだけで、いわゆる霊感とは無縁の、誰でも実践できる開運へのコンサルをしています」と先生。相談者の生年月日時から〝五気（木・水・金・土・火）〟を割り出し、今ある悩みの根本を探っていく。多い気は抜き、足りない気は補い、心と体の五気のバランスを整えることで開運していくのだという。

　先生は、「相談者の心と体に何が起こっているのかをアドバイスして、本当の生き方を知り、相談者自身の判断で正しく歩けるようになってもらいたい」と語る。そのために、半年に一度夏と冬に五行五気の勉強会も行っている。

　カウンセリングは時間制限がないので納得いくまで説明を受けることができるという。じっくりと相談してほしい方にお勧めの先生である。

オフィス ナカハラ

マダム コウコ先生

得意とする相談内容：恋愛、結婚、出産、就職（転職）、仕事（天職）、金運（財運）
鑑定手法：タロット、インド占星術、西洋占星術、数秘術
鑑定方法：電話、メール、手紙、FAX、対面
時　　間：10：00～24：00（受付は24時間対応）　不定休
料　　金：（電話）4000円／20分（20分を超えると200円／1分、（メール）3000円／1件、
　　　　　　（手紙／FAX）3000円／1件、（対面）10000円／1時間　＊出張有り
住　　所：埼玉県所沢市西所沢1（対面鑑定の場所は応相談）
電　　話：03-3403-7228　（直通）080-6618-2769
ホームページ：http://madam-kouko.hp.infoseek.co.jp/
　　　　　　　http://d.hatena.ne.jp/madam_kouko/
メールアドレス：madam_kouko@gmail.com

　主に電話での占いで、若い女性の恋愛相談を多数受けてきたというマダム・コウコ先生。タロットで心理・感情面を占い、長期的なアドバイスが必要な場合は、インド占星術で相談者の人生におけるターニングポイントの時期を鑑定するという。

　タロットは中学生時代から趣味でやってきたという先生は、占いの世界に魅せられて独学で勉強を続けてきた。20年ほど前に、友人の祖母から「人に運をあげられる人」といわれたことから、相談者の運気をあげるために話を聞いていた時期があったという。現在は、占いによる鑑定しか行っていないが、このことがきっかけで人のために役立つ道を歩むようになったと先生は語る。

　「私は、結構きびしいことをいうかもしれません。でも、"こうしなさい"とはいいません。相談者の方が最後には自分で決めるのです」と先生。占いの精度をより高めるためにもタロットとインド占星術の長所を活かして、できるだけ時間をとってじっくりと相談するのがお勧めだ。

占い師

TAROT READING（タロットリーディング）

マダムすみれ先生

得意とする相談内容：恋愛、仕事、家庭の悩み、お金の流れ、行方不明者の状況
鑑定手法：タロット透視リーディング
鑑定方法：対面、電話
時　間：10：00～20：00（対面）、10：00～23：00（電話）　要予約　不定休
料　金：4000円／30分、8000円／60分（延長15分ごとに2000円）、
　　　　　カードリーディングによる運気アップ術教室5000円
住　所：東京都品川区（詳細はご予約時にご案内します）
ホームページ：http://www.madame-sumire.info/index.html
　　　　　　　※メールフォームよりお申し込みください

タロットカードをツールとして相談者の潜在意識の扉を開いていくマダムすみれ先生。生き方や心の持ち方で未来は必ず良い方向へ変えることができるという。先生は「タロット透視リーディングによって、その人の眠っている存在意識を目覚めさせ、本当の能力や選ぶべき道、未来に起こるできごとに対する予測と対処法などを具体的にお伝えしていきます。潜在意識が目覚めることで宇宙と同調し運勢が改善されいろいろなことがうまくいくようになります」と語る。恋の悩みであれば相手の気持ちや2人の未来がどうなっていくのかなどをくわしくリーディング。ほかにも仕事や家庭内の悩み、お金の流れ、行方不明者の状況など時間内でいくつもの質問に応えてくれる。また、大切なペットの気持ちのリーディングも可能である。定期的に開催している『運気アップ術教室』ではタロットカードからのメッセージを受け取れるようになると好評で、不安や悩みを希望に変えてくれる頼りになる先生である。

Pure Heart ピュアハート
～宮ありさの霊感タロットと天然石アクセサリー～

宮ありさ先生

- 得意とする相談内容：恋愛、人間関係、妊娠や結婚の時期、仕事運
- 鑑定手法：霊視・霊感、タロット、姓名判断、遠隔ヒーリング
- 鑑定方法：対面、電話、メール
- 時　　間：電話鑑定　9:30〜23:30　※対面は応相談
- 料　　金：対面6000円／40分　※以降150円／1分、
  電話鑑定3000円／20分（以降150円／1分）、
  メール鑑定基本料金4000円（メールにて見積もりします）
  ※タロット占い講座ご希望の方はメールにてご連絡ください
- 住　　所：〒344-0112　埼玉県春日部市西金野井196
- 電　　話：080-5530-6755　※メールでの申し込みが確実
- ホームページ：http://miya-arisa.com/
- メールアドレス：info@miya-arisa.com

霊視や霊感をベースにしたタロット鑑定を行う宮ありさ先生。相談者と話をしているうちに占いの内容が映像で浮かんでくるという。また、カードにない情報もわかりその的中率には定評がある。

さらに、先生の制作する願いを叶えるオリジナル天然石アクセサリーは、実際に効果がありデザインも人気が高い。相談者の希望の色や予算、叶えたいことを伝えると、先生の直感で相談者にふさわしいデザインと効果の高いブレスレットなどのアクセサリーができあがる。

先生の制作したアクセサリーで、金運が上がった、恋のトラウマを解消して結婚できた、妊娠の時期を占い占断の月にみごとに妊娠した、不眠が解消した、体調不良が改善したなどの報告が日々たくさんくる。

HPには多数のコンテンツがあり、占い鑑定、天然石アクセサリー、お客様注文の商品、生きる術などを掲載したブログは必読。今後もコンテンツが増えていく予定ということで楽しみだ。ぜひ、メールで問い合わせてみてはいかがだろう。

台湾上機派 乾元会 （たいわんじょうきは　けんげんかい）
村野大衡先生
むらの だいこう

得意とする相談内容：恋愛、結婚、相性、適職、転職、人間関係、自己探求、開運法、吉日選定、方位、命名改名、その他全般
鑑定手法：台湾上機派紫微斗数（しびとすう）、陽宅風水、方位術、擇日（たくじつ）、手相、姓名判断その他
鑑定方法：対面、電話、スカイプ、出張
時　　間：月・火曜日　19:00~21:00、水・木・金・土曜日　9:00~21:00
　　　　　　日 14:00~21:00　要予約
料　　金：台湾上機派紫微斗数　20000円~、陽宅風水　25000円~、方位術12000円~、
　　　　　　擇日　12000円~
住　　所：〒160-0022 東京都新宿区新宿1-30-16 ルネ新宿御苑タワー1305号
電　　話：080-4327-1305
ホームページ：http://members2.jcom.home.ne.jp/fushigina/
　　　　　　　http://muranodaikou.blog114.fc2.com/（ブログ）
メールアドレス：hiro@mr.vip.co.jp
※著書：「紫微斗数命理学・新理論の活用」東洋書院
※携帯コンテンツ：「運命の光」「愛される台湾秘占」docomo、au、softbank 各社公式サイト

　学生の頃より数多くの占術を学び、東洋占術の本場・台湾にまで研究の幅を広げる。台湾のトップ命理師である蔡上機老師に拝師し、マンツーマンで紫微斗数の奥義を伝授される。現在は台湾上機派の日本創始者となられて活躍中の村野大衡先生。先生のもとには、OLはもとより、経営者、政治家、スポーツ選手、芸能人などが多数訪れるという。

　「個人別にオンリーワンの開運指導をいたします」と先生。単なるホロスコープの解説ではなく、現実的に活用するための方法を教えてくれる。

　台湾上機派紫微斗数の特徴は「自分がどういう才能を持っているか」「成功するための努力の方向性」「今やらなければいけないこと」などを瞬時に読み取ることであるという。「人は、どこに向かえばいいのかわからないと努力できません。私は、成功に向かうための道がどこにあるのかを教えているのです」と先生は語る。

　あらゆる占術を極めたなかで、最後にたどりついたという究極の占術をぜひとも体験してほしい。

195

開運館

先野響春先生
(さきの きょうしゅん)

子供のころから占いが好きで、昔から知人の鑑定をしていたという先野響春先生。困っている人の相談にのっているうちに、相談者の運気が良くなることに気づいた先生は自分の占いに確信を持ち、国際的な手相家に師事し本格的に占いの仕事を始めたという。

先生の占いは、手相を中心にみて状況によって他の占いを組み合わせる方法で、相談者の悩みを総合的に鑑定する。手相では線の強さなどで相談者の結婚時期がわかり、相手がいない相談者には結婚運アップとなる方角への旅行を奨め、うれしい報告をたくさん受けているという。

「ひとりで悩まないで」と強く語る先生に頼ってみていただきたい。

得意とする相談内容：金運、仕事運、結婚運、家庭運、運気全般
鑑定手法：西谷式流年法手相、方位学（九星気学）、
　　　　　　四柱推命、タロット、姓名判断
鑑定方法：対面、電話、メール
時　　間：応相談
料　　金：対面・電話　3000円／30分、5000円／60分、
　　　　　　メール　3000円／1件
住　　所：山口県下関市
電　　話：083-245-8257（携帯）090-4652-7321
ホームページ：http://ww52.tiki.ne.jp/~tago/
　　　　　　http://ameblo.jp/kaiunkan/（ブログ）
メールアドレス：kaiunkan1@yahoo.co.jp

気功師

天から得られた強力なパワーで
心と体、磁場までトータルに改善

片岡治療院

<ruby>片岡哲雄<rt>かたおかてつお</rt></ruby>先生

得意とする相談内容：腰痛、肩こり、頭痛、眼精疲労、自律神経失調症、うつ病、顔の歪み、トラウマ、家相
施術手法：気功、カイロプラクティック（骨格調整）、家相
施術方法：対面（住宅家相は遠隔）
時　　間：（平日）9:00～11:30、14:00～18:30
　　　　　　（土曜）9:00～12:30 日曜祝休
料　　金：3000円　住宅家相1ヵ月30000円から
住　　所：〒059-0013　北海道登別市幌別町3丁目4-1
電　　話：0143-85-2103　（FAX）0143-50-6044
ホームページ：http://www12.ocn.ne.jp/~kataoka

気功師

■天からの啓示

大学を卒業してから浪越徳次郎日本指圧学校で指圧の勉強を始め、厚生労働大臣の免許を取得。さらに、鈴木信澄先生に師事して、カイロプラクティックを学んだ。

また、アメリカにて、カイロプラクティック大学・人体解剖実習を体験し、若くして北海道登別市にてカイロプラクティック施術院「片岡治療院」を開院。

その2年後、治療中に突然、自然の気のエネルギーを受けた。

「昭和56年6月23日、午後2時のことです。今でも鮮明に記憶しています。天から重いものが舞い降りて来て、胸が苦しくなりました。女性の方を治療していたのですが、同じ衝撃を受けたみたいで。突然体が上下に揺れて、車にでも乗っているみたいだといっていました」と、先生はそのときのことを振り返る。

「目に見えない力を受け取りました。これが天からの啓示となって、上海に飛びました」と、先生は説明する。本場で気功の力を再度身につけたいと考えたのである。

この中国での勉強も含め、先生の模索が始まる。また、自らの施術に独自の工夫も加えていった。「NHKの番組でみたのですけれども、優れた気功師は、密閉状態の中のろうそくの炎を揺らすことができるんですね。気功のパワーは確実に存在するのですよ」

やがて自身も天から気を受けて、それを患者に流せるようになった。当初は体に変調をきたすこともあったが、そのような弊害も次第に消えていった。こうして、気功とカイロ

199

プラクティックを組合わせた、独自の施術が完成していく。

■ 磁場調整の事例

気をコントロールする力が備わり、先生の治療は強力なパワーを発揮するようになった。そんな先生の評判を聞いて、磁場調整の依頼がにわかに増える。

前に一度治療をしたことがある60代の夫婦の事例だ。久しぶりにみたら頬もひどくやせこけている。その夫婦が「先生、助けてください」とすがってくる。

聞くと自宅周辺は倒産した企業や夜逃げ、病気の家がとても多く、自分たちも体の具合が悪くなってしまったということだ。

土地の邪気を祓う住宅気功事例のことは、耳にしたことがある。あるいは自分の力で、家や土地の浄化もできるかもしれない。そこで、気の浄化を行ったところ、すぐに効果が出て、大変感謝された。

40代の女性から家の邪気の調整をしてほしいと頼まれたこともある。その女性の家を遠隔で確認すると、確かに気が滞っている。特にトイレや居間、寝室が良くない。

この女性の家と土地も浄化することで、改善された。

先生の磁場治療は現地を訪れる必要がなく、簡単に大きな効果を得ることができる。初めての方は一度来院していただき、診断を受ける。その人が玄関から入って、各場所にいるイメージをしてもらい、先生は遠隔で施術を開始する。

自宅へは伺うことがないから、プライバ

シーが守られる。そして、料金も3000円と極めて格安である。だが一カ月間は遠隔気功を続けた方がいいだろうと先生は勧める。

このような気の存在は、もしかすれば眉唾に聞こえるかもしれない。だが、先生はタバコやビール、日本酒、コーヒーなどの味を自在に変えることができる。それが遠隔地でも同様にでき、すでに多くの人が確かめている。

■頭蓋骨の調整

先生の施術を特徴づけているものに頭蓋骨の調整がある。

「頭蓋骨はものを噛むときの癖やストレスで、次第に歪んできます。右ばかりで噛む人、その逆の人、それぞれの理由で顔が歪んできます」と先生は指摘する。

確かにほとんどの人は、顔の左右に微妙なアンバランスがみられる。「これを放置すると、腰痛、頭痛、肩こり、眼精疲労、手足のシビレ等の症状を引き起こす原因となります」

先生はその歪みを気功で調整する独自の方法を開発。細かなチェックを繰り返しながら強く揉むことなく改善できる。このような技ができるのは、全国でも数少ないであろう。

残念なのはこのように絶大なパワーを持っている先生が、北海道にいて、住宅気功以外のサービスは遠隔で提供していないということだ。北海道の方ならぜひ先生に相談し、最大限に活用した方がいいだろう。

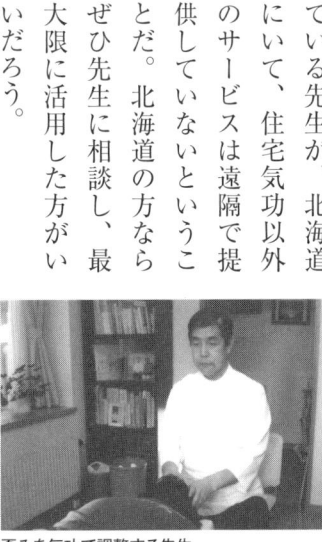

歪みを気功で調整する先生

「自ら改善を目指すのが最大の目的」
現実の生活に活かす気功術で
人生を切り開く力を伝授

慧真導気功術（けいしんどうきこうじゅつ）

下澤正幸先生
（しもざわまさゆき）

得意とする相談内容：健康、能力開発、人間関係、各種波動調整 その他
施術手法：慧真導気功術
施術方法：対面（遠隔は応相談）
時　　間：10：00〜20：00　要予約　日曜祝休
料　　金：慧真導気功術気功健康教室　32000円（月謝制）
　　　　　　シモザワ整体力学療法（スポット的な問題解決）
　　　　　　初回料金6000円／30分〜40分（2回目以降4000円）
　　　　　　館長による施術　12000円〜／30分〜60分
住　　所：〒063-0062　北海道札幌市西区西町南9丁目3-10
電　　話：（慧真導気功術）011-665-7540
　　　　　　（シモザワ整体療法研究室）011-665-7730
ホームページ：http://www.keishindou.com/index.html
メールアドレス：keishindou_info@yahoo.co.jp

気功師

20数年間、人の身体を手技で改善する仕事を考えてこられた下澤正幸先生は、実践と経験を積んで気功術を学び、独自の〝慧真導気功術〟を完成させた。これは人間の心理と気と身体の関係を解いたもので気や効果を確実に体感することができる。

「どんな療法も完璧完全はありません。慧真導気功術は治療を目的にはしていません。しかし、心のデザインと体のデザインのメカニズムを知ることで難題にも解決の糸口が見え始めます。解決しにくい問題を気功のノウハウを生かして自ら改善を目指すのが最大の目的です。慧真導気功術は気功療法も得意としていますが、最終的には本人が問題に真剣に取り組むことが最大のポイントと考えております」と、先生は語る。慧真導気功術を学ぶことで身体ばかりでなく心にも大きな変化が起きるようになる。効果がみられた事例として椎間板ヘルニア・脊柱管狭窄症・すべり症・坐骨神経痛・生理痛・生理不順・アトピー・先天性弱視・原因不明の痛み・頭痛など。これはほんの一部で、他にもパニック障害が改善した、フリーターを卒業して企業の役職につくことができた、いじめを克服したなど心の悩みの解消や、大きく人生が変わったという人もいる。

「痛み、体調不良にはデザインがあります。たとえば椎間板ヘルニアですが、これは腰椎が圧迫されることで椎間板が押し出されて神経を圧迫して激しい痛みを発生させるものです。このデザインが元に戻らなくなるとマッサージでは効果が薄くなります。そうなると

身体のデザイン＝構造を変えなければなりません。一般的には切除しなければ治癒は無理だと考えられている椎間板ヘルニアですが、生活の環境を変え、身体に与え続けた悪い環境を変え、ちょっとした力学的アプローチで補助修正を続けることで、ある日好転し始めます。これが慧真導気功術です。痛みが消えていくと自然と身体のデザインも変化していきます。健康体には健康体のデザインがあり、不健康体には無数のデザインが存在する。気功術では身体のメカニズムは心のメカニズム

圧倒的な気のパワー

であると考えます。それならば、健康体のデザインに整えていくことで私達の心身は健康になる、ということにつながります」下澤先生に出会った人のほとんどが〝不思議だ〟と驚くが、先生は何一つ不思議なことはしていないと語る。

■悩みの原因と解決方法は自分自身の〝内〟にある

　先生は生き方に対する指導やアドバイスをすることもあるという。教室に通う生徒が職場でのいじめに悩んでいた。話を聞いた先生は、こうアドバイスしたのだった。「出勤したら必ず明るくデカイ声で挨拶をしなさい。必ずです。もちろん、あなたをいじめている先輩にも、必ず明るい声とデカイ声で挨拶

気功師

をしなさい。そして何か指示されたら〝わかりました〟〝ありがとうございました〟を必ずいいなさい。〝お疲れさまです〟。先輩が帰宅する時には必ず〝お疲れさまです〟といいなさい」その生徒は「それだけでいいのですか？」と心配そうにしていたが、すでに信頼関係ができていたので先生は正しく解釈してくれるだろうと判断し、この程度で十分と考えたのだった。その次の週、いじめで悩んでいた生徒は元気な姿で教室に現れた。先輩の態度が変わり、いじめられていると感じることは、まったくなくなったという。いじめられるというより、むしろ親切に教えてくれるようになった。しかし先生はこう考える。「人の悩みを解決してあげることが、その人にとって最も大切なことではなく、本人が問題の本質を見極めて

自分自身の本質的な問題点を発見することこそが一番重要なんです。しかし、いざ悩みが解決すると〝実は簡単な問題だったのだ〟と思い始め、そのときの苦しさはすっかり忘れてしまう。そう、自分で解決したつもりになってしまうんですね。しかし、生きている限り次にもっと大きな問題が起こることがあるかもしれません。悩みがひとつ解決するということは、ひとつの丘を越えただけ。人生は常に山登りです。悩みのほとんどの原因は実は自分自身のなかにあります。悩みを抱えているなら、外ばかりを見ずに自分自身を見つめてください。解決の糸口が見つかるはずです」健康な心と身体があってこそ人生は輝く。慧真導気功術は有意義な人生を送る礎になってくれるに違いない。

癒道クリニカルオフィス（ゆどうくりにかるおふぃす）
荒木田耕悦先生
あらき だ こうえつ

得意とする相談内容：肩こり、腰痛、頸その他関節痛、頭痛、自律神経、不眠、ストレス、不安、うつ、パソコン疲労、電磁波障害、内蔵機能、目、冷え、美肌、美容、いじめ 他
施術手法：キネシオステナジー、触手気功、エナジック整体、不触レイキヒーリング
施術方法：対面、出張、手紙
時　間：8：00〜22：00　完全予約制　不定休
料　金：治療　4000円／1時間（本書の読者は初診料を無料サービス）、
　　　　　ヒーラー養成：マンツーマンパワー伝授・回路開き　4000円／1時間、
　　　　　講義　4000円／1時間（受講者4人の場合、1人につき1000円／1時間）
　　　　　※ジャンル・内容豊富
住　所：〒111-0053　東京都台東区浅草橋2-7-8
電　話：03-3863-3282（FAX兼用）090-2750-0544

　運を拓くには心身のバランスを整え、生体エネルギーを高め、オーラを輝かせることがモットーの先生は「幅広い内容を目指し、"癒"の字を使っていますが、癒し系というより治し系と呼ばれたいです」と語る。職業として治療師の道を選んでから36年になる現在までいろいろなところで修行をし、数多くのセミナーに参加して研鑽を続けてきた。

　先生のところへは、身体的な不調を抱えてやってくる人が多いが、最近では、レイキセミナーで気の回路が開けなかった方などから来て、先生の施術を一度受けるだけで気が出せるようになったと好評である。また、チャクラの回転とかナディ（気の通路）のつまりなどについてもくわしく教えている。

　「女性などは肌がとてもきれいになるなどのおまけつきですよ」と先生。

気功師

「脳の下垂体と松果体にパイプができるとエスパーですね。私も修行途中ではありますが・・・」

これまで数多くの隠れた超がつくほどのすごい先生方と多くの出会いがあり、先生自身も太陽エネルギーが肉体と重なって存在しているサットルボディ（精妙なエネルギー体）に入ってめざめたという。

先生は幅広いジャンルの施術ができ、話の内容も幅広く、特にユーモアたっぷりの話は、心身ともに元気を与えてくれる。体の不調を訴える相談者も帰る頃には、笑顔がもどっているという。

「パワースポットなどに行かれない人は早朝のお天道様からエネルギーをもらうといいですよ。たいへん良い気が地上に降り注いでいます。本物ってお金がかかりませんね。現在は夜遅くまで仕事をしていますが、早寝早起きをし、無為自然というかタオ的に暮らすのが将来の夢ですね。二世（子供）がいませんので、長年研究したものを受け継いでくれる人を募集中です」（荒木田先生）

また、先生は作詞作曲なども行い、幅広い活躍をしている。

ここで先生のお気に入りの作品を紹介しよう。

『永遠の時を区切りて除夜の鐘』なかなか深みのある一句である。

「世の中には隠れたすごい人がいると思うと、この先の人生が楽しみです。手は貸さないが、優良な宇宙人たちが見守ってくれていると思うとリフレッシュします」

と語る先生は無限の宇宙に思いをはせつつ、地に足をつけ活躍中である。

健康道場『気錬房』（きれんほう）
小野忠山先生
(おのちゅうざん)

得意とする相談内容：心や体の不調または疾患、健康増進（活力アップ）、自己実現のサポート
施術手法：外気療法、気功指導、カウンセリング、モチベーションアップ、プラス思考、
コミュニケーション技法、アサーション・トレーニング
施術方法：対面、遠隔
時　　間：14:00～20:00
料　　金：お試しコース3150円／30分　リフレッシュコース6300円／60分
補気養生コース12600円／90分　出張サービス12600円
＊初心者でも 必ず活力が湧いてくる 気功習得DVD基礎編「活力UP！必須 体感気功法」
（6800円）を販売している
住　　所：〒514-0315三重県津市香良洲町282-3
電　　話：059-292-3757
ホームページ：http://kirenho.com（健康道場『気錬房』）
http://www.kikoumura-hp.com（不思議な気功体感動画サイト）
http://blog.kikoumura.com（ブログ）
メールアドレス：info@kirenho.com

　左脳は知性を、右脳は感性を受け持つ領域といわれ、脳は部位によって役割があるという。大脳皮質にある古皮質は、原始的な生命維持機能を担うと考えられているが、人間の進化の過程で退化しているという。そのため、現代人は、自然治癒力など優れた潜在能力が十分に果たされなくなっていると先生はいう。

　原因のよくわからない不安感やイライラ、気分が晴れないといった症状に、小野先生の気功は大変効果が高いと評判の先生である。トラウマになっている問題が心の奥底にあるようであれば、先生によるカウンセリングと併用して、問題解決の糸口を見出し、少しでも早く体調がよくなるようにトータルサポートしているのが、健康道場『気錬房』である。

　小野先生が、指導する気功は、"古皮質"と呼ばれる脳の部分を活性化し、さらに、せき髄を経て末梢神経に働きかけることで自然治癒力など人間の体の優れた潜在能力を目覚めさせるという。

気功師

そして、先生は相談者本人が自らトレーニングをすることが重要だと断言する。もちろん外気療法による施術も提供するが、相談者自らが、自分を癒す方法を習得してほしいとの想いで、気功習得DVD「活力UP！ 必須 体感気功法」を開発した。外気療法を受けるときでも、DVDを活用している人の方がその効果は大きいという。

さて、先生の開発されたDVDでは、腹力（丹田）を鍛え、多くの酸素を体内へ取り入れ、全身に気をめぐらせるなどの秘伝の奥義を紹介しており、ひとりでも多くの方の役に立てればと、普及活動を続けている。DVDを購入したすべての人が気功の効果を確実に得られるようにと、先生は自ら電話やメールで無料サポートし続けているので、わからなくなったり、ひとりで続けているのが不安な人にも安心して続けることができると好評である。

気功によって、潜在能力が目覚めれば、内臓や血管に分布する自律神経がバランスよく働きはじめ、全身の体液の循環が活発になり、丈夫な心身がつくられる。

「血圧の安定、血管の強化はもとより、血行・分泌・代謝がよくなり、平常体温も上がり、冷え性・便秘・睡眠障害など、ほとんどの症状は1カ月から3カ月ほどで改善できます」と先生。

「自分の体を自分でトレーニングするとこんなに変わるんだ、ということをDVDを通して多くの人に実感していただきたいですね」と先生は熱く語る。

健康道場『気錬房』は、小野先生の外気功と、DVDを通して自らを癒す方法を学べる、トータルな健康作りを提供してくれる現代人必須の道場である。

大好評の気功DVD「活力UP！　必須 体感気功法」

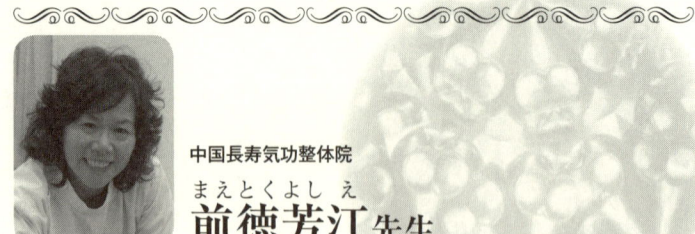

中国長寿気功整体院

前徳芳江先生
(まえとくよしえ)

得意とする相談内容：ダイエット、難病
施術手法：気功、整体
施術方法：対面
時　　間：10:00～13:00、14:00～20:00 水曜定休
料　　金：気功・整体3回まで 4500円／40分　＊難病の方もご相談下さい
住　　所：〒214-0011　神奈川県川崎市多摩区布田2・25
電　　話：044-944-8855　（携帯）090-8729-6778
ホームページ：http://www.biyou-kikouseitai.com

　中国陳式太極拳協会名誉委員・米国イオンド大学気功教授として名誉博士号取得等輝かしい経歴を持つ「気功の達人」である。今日の気功整体ブームを作り上げた一人であり、「中国長寿気功整体院」のグループは10店舗に及んでいる。とりわけオリジナルのダイエット気功は、即効性はもちろん、リバウンドもしないことで評判だ。ある芸能人が20キロも痩せたことが報じられ、マスコミ各誌に大きく取りあげられたこともある。「一気に理想体重になって、以来10年も体重が変わらないという方ばかりです」と先生は微笑む。

　ダイエットだけではない。肩こりや腰痛等で悩むたくさんの方々を救ってきた。「整体して、それから気を入れるので、強力な効果があるのです」と先生は語る。

　今では、家族ぐるみでお世話になるホームドクターのような役割も担っている。「病気の治療には時間もお金もかかります。悪くなる前にお越しください」と先生は訴えた。

カウンセラー

あなたの傷ついた心を癒すカウンセリングを
極めた心優しきパステルアーティスト

寛（KUTSUROGI）アートヒーリング

小林寛子先生
（こばやしともこ）

得意とする相談内容：人間関係、恋愛、うつ病、トラウマの解消、
　　　　　　　　　　　葬祭関連相談
施術手法：パステルアート・エンジェルアートによる癒しや浄化、
　　　　　　カウンセリング、エンジェルカードリーディング、現代霊気
施術方法：対面
時　　間：要予約
料　　金：寛アートヒーリング（カウンセリング含む）　15000円／3時間
　　　　　　（女性限定1名）、パステル和（NAGOMI）アートワークショップ　初回5000円／2時間（1～4名）、準インストラクター養成講座　70500円（3日間で20時間のカリキュラム、1名～4名、画材一式、テキスト代、認定登録料含む）エンジェルアートワークショップ初回7000円／2時間（1～4名）、エンジェルアートインストラクターコース50000円／6時間（1～4名認定登録料含む）
住　　所：〒180-0004　東京都武蔵野市吉祥寺本町3-21-12
　　　　　　光ビル302号室
ＦＡＸ：0422-54-6941
ホームページ：http://sousai-counselor.com/
　　　　　　　※お問い合わせフォームよりメールを送信してください

カウンセラー

寛（KUTSUROGI）アートヒーリング、その名の通りそこはくつろげる空間だ。壁を彩る小林先生が描いたパステルアート。そこから優しいエネルギーが溢れ出しているのを感じる。明るく少女のような瞳が印象的な小林先生はミュージカルの舞台に立った一心で上京、念願叶ってミュージカルの舞台に立った。そして結婚後は子育てをしながら「こどものためのジャズダンス」「ママのためのストレス発散ジャズダンス」を主宰。

そんなある日、突然の母の死を経験する。

「娘がお腹にいたとき、突然倒れて意識のないまま一週間後に他界しました。集中治療室での面会で、反応のない母にずっと声かけをしていたら、母の目から涙がすーっと流れ、医師にそのことを話したら、ただ出ただけ、反応したわけではありません、と…祖母と見舞っていたと

き、唇に赤みがさしてきたので回復してきたのではと、話していると年配の看護師が、この方チューブ取ったらだめになりますよ…。妊娠中でもあり、精神的に不安定なときにこの言葉は残酷でした。もう私がすがれるものは何もないと絶望感に襲われました」

葬儀の知識のなさから落ち着いた最期のお別れもできず、なかなか悲しみから解放されない日々を送るなか、今度は父親が他界。

「親しい人との別れは、とても悲しく辛いものです。私と同じような思いをしている人たちのお手伝いをしたいと、1997年に日本葬祭アカデミー教務研究室で葬祭の知識や現場を学び、経験しました。そして日本で初めての葬祭カウンセラーになり、これをきっかけにカウンセリングを勉強して産業カウンセラー、家族相談士、

心理相談員、オーロラアートセラピスト資格も取得してグリーフケア（悲しみを癒す）カウンセリングを始めました」と小林先生は語る。

■葬祭カウンセラーとは魂を敬う仕事

「いざというときに慌てないためにもお葬儀に関する知識を身につけておいたほうがいいと思います。事前相談ではお葬儀に対する想いや、環境、状況などをお聞きして、お一人お一人その方に合った葬祭カウンセリングを行います。父母が万が一のときに、シングルなのできちんと決めておきたい、最期に家族が慌てないように、という方々が相談にいらっしゃいます。事後相談ではお葬儀後の香典返しや納骨、法事、諸手続きなど実務的なことから、心のケアについてのご相談をお受けしています」

葬祭カウンセリングを受けた人からは〝身内の葬儀後、葬儀社に対する嫌な思いが残ったが、先生に話を聞いてもらってすっきりした〟〝相談してすぐ葬儀社の手配をしてくださり、通夜式までの間のわからないことを質問すると、そのつど、わかりやすく教えてもらえたので無事に葬儀を行うことができた〟という感謝の言葉が届いている。大切な人が亡くなり悲しみが癒えない人にはアートヒーリングを交えたグリーフケアを行う。生きている人を励まし、亡くなった身内の死がもたらした小林先生。それは度重なる身内の死がもたらした尊い気づきなのかもしれない。

■いきなり電話口で「ばかやろう！」と怒鳴られたこともまさにカウンセリングのノウハウを極めたといってもいい小林先生だが、電話相談は想像を絶するできごとも多い。いきなり電話口で「ばかやろう！　全部お前が悪いんだ！」と怒鳴られたこ

カウンセラー

ともあったという。
「心臓がバクバク。受話器からゲンコツが出ているマンガがありますが、ちょうどそんな感じです。激昂して怒りに任せて怒鳴り散らす人の電話を受けるとこちらも感情が激しく揺さぶられます。怒りをぶつけられたときは、それを浄化するためにパステルアートを描いてスッキリするようにしています」と笑う。うつ病で悩む人には絶対に自殺しない、と約束させる。「自殺者が3万人を超える時代、うつ病での自殺も少なくありません。やる気が起きないと〝疲れているだけだ〟〝しっかりしなければ〟と思い込んで無理をしてしまう。するとますます気持ちが滅入る負のスパイラルですね。頭の方へ気があがっている状態なので、絶えず脳を酷使。これでは心身共に負担がかかるばかりです。うつ病は誰でもなりうる病気

なんです。自分は大丈夫、と無理をしないで病院へ行くことも大切ですよ」
先生の穏やかで優しい語り口調に、自然と笑みが漏れる。先生と会話しているうちに心のコリがほぐれていくのを感じた。

■誰でも癒されながらアーティストになれる

小林先生がパステルアートと出会ったのは2007年。ハワイのサイキックリーダーから「あなたは絵の才能がある。絶対に描くべきだ」とアドバイスされたのをきっかけにパステル和（NAGOMI）アートを学び、公認インストラクターの資格を取得した。「パステルアートを描き始めて以来、私の周りからエンジェルという言葉がどんどん入ってくるようになりました。それを機にエンジェルアートプラクティショナーの資格を取り、願いがかなうエンジェルアートの描き

方を広めています」

パステルアートは画用紙の上にパステルを削った粉をふりかけ、指先で思いのままに描くもので、色も発想も自由。先生が丁寧に指導してくれるので、その日のうちに一枚完成させることができる。

「小さい頃は誰もがお絵かきに夢中だったはず。それがいつの頃からか〝絵が苦手〟〝絵心がないから描けない〟と思い込んでいる人がとても多いです。私もその一人でしたが、パステルアートはうまいへたがなく誰もが描くことができ、誰もがアーティストになることができるんです」

取材者も初めてパステルアートを描いてみた。紫、黄色、ピンク、仕上げに好きな型で模様を入れて完成。最初は〝絵が苦手だから〟と戸惑っていたのだが、描いているうちに子供の頃、画用紙にクレヨンで絵を描いていたときのようなんともいえない感覚、気持ちが軽くなる、というのは本当はこんな感覚なのに違いない。

「絵が描けることで心が穏やかになり、希望が湧き、気持ちが元気に健康になります。自分自身の新たな面を発見し、内面の気づきやカタルシス（浄化）が起こることもあります。描きたい気持ちが広がることで、周りのものが違う角度から見えて毎日がとても楽しくなりますよ。友達や家族、恋人と一緒に描いて絵を見せ合うことで、お互いのすてきなところを発見することもできます」

描いた絵を並べてみると、気持ちが明るくなる

誰もがアーティストになれる『パステルアート』

カウンセラー

にしたがって、その色彩にも変化が現れる。パステルアートは描く人の心を癒すばかりでなく気持ちを映し出す鏡のような存在かもしれない。

■ アートヒーリングで人生が変わった！

先生オリジナルの寛（KUTSUROGI）アートヒーリングではパステルアートを中心に、カウンセリング、フューネラルカウンセリング（葬送の事前・事後におけるカウンセリング）、現代霊気、クリスタルヒーリングなど、その人に合った方法でヒーリングを行う。

先生のヒーリングを受け、インストラクターになった年配の女性は脊椎の大手術を受け、ペインクリニックに通いながらパステルアートを描き続けた。その結果合同展示会で自分の作品をお披露目するまでに回復したのである。現在ではデイサービスでパステルアートを教えるまでになった。"人生が180度変わった"と喜んでいるという。

「パステルアートは二度と同じ絵を描くことはできません。唯一無二の存在です。これは描いた人の宝物になります。自分自身で描いたものにはすばらしいパワーやエネルギーが宿ります。必ず額に入れてよく目につく場所に飾ってください。世界でたった一つのセルフヒーリングアートですから」自らの手でつくるスピリチュアルアートは人生を力強くサポートしてくれそうだ。

作品の前に立っているとあふれ出るエネルギーを感じるヒーリングアート。

Twin angel

ケーキマン(日沖貴年)先生
ひおきたかとし

得意とする相談内容：人間関係、体の不調、夢実現、自己実現、自律神経失調
施術手法：ヒプノセラピー、カウンセリング、エネルギーヒーリング、コーチング、心理セラピー、スキルアップ・自己開発
施術方法：対面、電話、スカイプ
時　間：応相談
料　金：対面20000円／60～120分、電話・スカイプ5000円／30分
住　所：愛知県を中心に、北海道、関東、東海、関西、四国、九州で講義を展開
電　話：070-6997-9862
ホームページ：http://watasee.com/member_357.html/
http://aryaveda-mahou.com
http://profile.ameba.jp/cakemanstyle（ブログ）
http://www.mag2.com/m/M0075995.html（メールマガジン）
メールアドレス：cakemanstyle@gmail.com

「ケーキマン」という、ちょっと変わったお名前は、学生時代の米ホームステイのときからずっと呼び名として使っているという。ホームステイ先でのウェルカム・パーティで「ケーキが好き」といって、多めに食べてしまったためについたニックネームだと笑いながら語る先生。ソフトでユーモアたっぷりの語り口は、相談者の心にやわらかく響くことだろう。

19年間大手企業のサラリーマンだったという先生は、大学時代から興味のあった心理学を活かして、人の相談に乗っていた。現在は、『天使のライブ』という、言葉の魔法で参加者全員が癒されると大人気の講演会で、全国を飛び回っている。

大好評の天使のライブ

（WEBサイト「オールアバウト」で講師として紹介されている）

先生のヒーリングは、天使ヒーリングやサイキックな直観力なども用いるが、基本的には言葉の力で相談者に〝ミラクル〟を起こす独特の手法で行っている。セッションは「相談者の問題は3回もあれば改善されるはず！」と断言するほど効果が現れるという。

先生は、「心の問題の原因となる過去に起こったことは変えられないので、現在に持って来てしまった感情を癒します。過去の問題に対して、現在の感情が影響しなければ問題はなくなります。原因に触れてそれを解決しようとするとトラウマを再現することになり改善まで長くかかるのです」と語る。

先生の対面セッションでは、会話の中に、相談者の悩みのもととなっている事柄をさりげなく他の人の物語として織り込んで、相談者の知らないうちにヒーリングを行っていく。両親から依頼を受けて、高校生のヒーリングを行うことも多いという。この他、精神的な病に悩む人など、自分の問題に直接向き合う強さのないデリケートな相談者に最適だ。

「問題解決のためのものは、100％相談者の心の中にあります。こちらは無意識部分に働きかけてサポートするだけです。人は何でも善悪で判断しがちですが、ものごとは無限の角度から立体的に見ることができるのでこちらでは判断しないのです」と先生はいう。ものの見方を変えて、悩みを解決するために先生の言葉の魔法を体験してみてはいかがだろう。

カウンセラー

アルファコイル
コーチング
セラピスト

日本超科学会　開祖　橋本健理学博士

はしもとこういち
橋本晃一先生

得意とする相談内容：精神安定、痛みの解消、能力開発、浄霊、願望達成
施術手法：アルファコイル
施術方法：アルファコイルサロンまたは本人宅にて
時　　間：10：00～18：00（予約受付）
料　　金：H1CD料金として3200円／90分
住　　所：〒150-0013　東京都渋谷区恵比寿1・9・5　多田ビル1F
電　　話：03-3473-4644　（無料電話）0120-473-464　（FAX）03-3473-4146
ホームページ：http://www.alphacoil.com/
メールアドレス：info-cstmr@alphacoil.jp

"アルファコイル"から発する気功エネルギーをあてると脳波がアルファ波になりプラスエネルギーによって意識が高まり運命が好転するという。

"アルファコイル"は精神を安定にし、潜在能力を引き出し、免疫機能を高める効果がある。

〈体験例1〉神戸市 T・R：霊能者（♂）

亡くなった人を供養する時、やり方が中途半端だと成仏せずに取り憑くことがあります。アルファコイルを使うとそのようなことがなくて安心だし、部屋で掛けてるだけでいいんだから楽なことはない。目に見えない世界は本当怖いです。アルファコイルで先祖供養した方に、今度はその人自身にあてて上げたら、霊験あらたかになって、「願いごとを叶えてくれて腰痛まで治ってしまっ

た」といって喜んでくれました。願望実現は高次元とのつながりができなくてはならないんだけど、そういう意味でも橋本先生の発明はすばらしいです。当たり前だけど、とにかく奇蹟の連続です。

〈体験例2〉埼玉県 K.S. 気功師 (♂)

気功治療をすると皆さん良くなって帰るんですが、ほとんどの方が邪気をおいていかれるのであとが大変なんです。体がボロボロになり、地獄へ引き込まれそうになります。あまりにも辛くてもう辞めようかと思っていたとき、たまたま知り合った気功師がアルファコイルを使っていることを知りました。その方も患者さんの邪気をもらい苦しんでいらしたそうです。アルファコイルを使うようになってからは全く邪気を受けず、楽に、患者さんを治療しているそうです。早速私もアルファコイルを手に入れて使用しています。お陰様で自分自身も調子が良くなり、患者さんにもパワーが増したといって驚かれています。アルファコイルパワーを自分で中継し、それを患者さんにあてるだけなので、自分はまったく疲れないし患者さんにもアルファコイルを使ってることに気づかれないで済むので本当に助かっています。

その他、体への効果、商売がうまくいき始めた・お金回りがよくなったなど、さまざまな声が寄せられている。

※本書をお読みの方へ体験DVD（又はビデオテープ）と橋本先生の本を1冊無料でプレゼント。

詳しくは無料通話0120-473-464へ

コーチングオフィスLUNDI（ランディ）
Willassist（ウィルアシスト）
髙田寛美先生
たかたひろみ

得意とする相談内容：メンタルコーチング（メンタル強化、夢の実現、スキルアップ、人生設計、人間関係の改善、転職、自己啓発など人生全般）
施術手法：メンタルコーチング、アクションラーニングコーチング
施術方法：スカイプ、電話、対面
時　　間：平日10：00～17：00（問い合わせ時間）　要予約　土日祝休
料　　金：メンタルコーチング料金：電話・スカイプ（月3回）15000円／1回30分、
　　　　　　対面（都内限定・月3回分）21000円／1回50分、
　　　　　　アクションラーニングコーチング（対面・都内限定・月2回）30000円／1回75分
住　　所：〒112－0012　東京都文京区大塚6・22・13
電　　話：03・6312・6659
ホームページ：http://lundi.jp/
　　　　　　※ご予約フォームよりお申し込みください。http://lundi.jp/info.html

　潜在意識と顕在意識を一致させ、プラスイメージでなりたい自分へと導く。それが、人の未来と信念を支援する髙田コーチが目指すウィルアシストとしてのメンタルコーチングだ。「まわりの環境や習慣に合わせ無理が続くと、ただ漠然と生きるようになり、自分の才能や能力を活かせないまま自分の人生を諦めてしまうことも。しかし、メンタルコーチングにより、その人の潜在意識に近づくことで本当に自分が望む生き方が見えてくるのです」

　メンタルコーチの多角的な角度からの質問により、自問自答では見つけられなかった選択肢や問題解決の道が広がり、自らが選び導きだした結果が、自信につながり積極的に行動できるようになっていく。気持ちにゆとりが持てるようになると、人間的魅力もアップしていくのである。そう、これからの人生にプラスの連鎖が続いていくのだ。「あなたの可能性はダイヤの原石です。共に磨いて未来を輝かせましょう！」とメンタルコーチは魅力的な笑顔で微笑む。

ヒーリングスペース　星のふち

聖彩(しょうさい)先生

心から体、体から心にアプローチして相談者が自分で自分の悩みを解決できるようお手伝いしているという笑顔のすてきな聖彩先生。

先生のセラピーは、相談者の現状をカウンセリングしながら、四柱推命、易学、タロットなどを用いて総合的にみていく。

必要な場合は、体の深部のリンパをほぐすリンパセラピーもいっしょに行い、セラピー後の相談者は別人のようになるという。独自の手法で組むパワーストーンも人気の的である。また、先生は"自分"に気づいて、不必要な思い込みを消滅させる手法「アバター®コース」も行っている。

まずはセラピーで悩みを解決して、悩まない体質をつくってみてはいかがだろう。

得意とする相談内容：恋愛、人間関係、心の悩み全般
施術手法：タロットリーディング、四柱推命、リンパセラピー、レイキヒーリング、バッチフラワー療法、リサーフェシング®ワークショップ、アバター®コース
施術方法：対面、電話（対面鑑定を受けた方限定）
時　　間：10:00～20:00（応相談）　完全予約制　不定休
料　　金：カウンセリング・占い　各5000円／30分（以降1000円／10分）、占い＋パワーストーン　15000円～／60分、リンパセラピー（手・足）3000円／30分～、（全身）10000円／90分、リサーフェシング®ワークショップ　34500円／2日間（アバター®コース第1部　以降2部100000円／4日～6日間、3部200000円／2日間～4日間）　※コース最短9日間
住　　所：京都府京田辺市＆大阪市内
電　　話：090-1586-2281
ホームページ：http://ameblo.jp/uranai-shousai/（ブログ）
http://www.uranai-shousai.jp/
メールアドレス：daisuki.arigatou@docomo.ne.jp

アルファコイル・コーチング・セラピスト

●本書をお読みいただいたみなさまへ

　この度は、本書をお買いあげいただきましてありがとうございました。本書では、心と体の悩みを抱えた方や、人生を変えたいと願う方へ向けまして、悩みを解決に導く専門家70人の先生を紹介しております。本書にご登場の先生方が、あなたの人生をより良いものとする道しるべとなり、幸せへの道案内ができるのではないでしょうか。

　なお、本書に掲載しております各先生のデータは、２０１０年１０月現在のものです。料金、時間等は変更されることがありますので、事前にご確認されますことをお勧めいたします。

　あなたにとって最高の先生に出会え、悩みを解決され、すばらしい人生になりますことを編集部一同願っております。

2010年10月16日　第一刷発行

「この悩みにこのヒーラー・占い師・気功師・カウンセラー７０人　Part4」

発行所　（株）三楽舎プロダクション
http://www.sanrakusha.jp
〒171-0022 東京都豊島区南池袋 2-8-5-202
電話　(03)5957-7783
FAX　(03)5957-7784

発売所　星雲社
〒112-0012 東京都文京区大塚 3-21-10
電話　(03)3947-1021
FAX　(03)3947-1617

印刷・製本　株式会社シナノ

◎乱丁・落丁本はお取替えいたします。定価はカバーに表示してあります。
ISBN4-434-14901-6　Printed in Japan

三楽舎プロダクションの目指すもの

三楽舎という名称は孟子の尽心篇にある「君子に三楽あり」という言葉に由来しています。

孟子の三楽の一つ目は父母がそろって健在で兄弟に事故がないこと、二つ目は自らを省みて天地に恥じることがないこと、そして三つ目は天下の英才を集めて若い人を教育することと謳われています。

この考えが三楽舎プロダクションの根本の設立理念となっています。

生涯学習が叫ばれ、社会は少子化、高齢化さらに既存の知識が陳腐化していき、われわれはますます生きていくために、また自らの生涯を愉しむためにさまざまな知識を必要としています。

この知識こそ、真っ暗な中でひとり歩まなければならない人々の前を照らし、導き、激励をともなった勇気を与えるものであり、殺風景にならないように日々の時間を彩るお相手であると思います。

そして、それらいずれも人間の経験という原資から繭のごとく紡ぎ出されるものであり、そうした人から人への経験の伝授こそ社会を発展させてきた、そしてこれからも社会を導いていくものなのです。

三楽舎プロダクションはこうしたなかにあり、人から人への知識・経験の媒介に関わり、社会の発展と人々の人生時間の充実に寄与するべく活動してまいりたいと思います。

どうぞよろしくご支援賜りますようお願い申しあげます。

三楽舎プロダクション一同